# しめかざり探訪記

宮川朝市

# はじめに――消えないしめかざり

あっという間に年の瀬です。

みなさんはお正月に「しめかざり」を飾りますか。

じつは毎年、悩んでいませんか。

少し面倒だな、どれを買えばいいのかな、どこに飾ればいいのかな、そもそも飾らなくてはいけないのかな。

そんなモヤモヤを抱えながらスーパーのしめかざり売り場で佇む人を、私はたくさん見てきました。

私はここ二十年ほど「しめかざり探訪」と称して日本各地を歩いています。

「しめかざりって全国共通じゃないの？」と思うかたもいるでしょう。

しめかざりという習俗は、地域ごとに独特な伝承があり、その多様性は計り知れません。しめかざりの種類、飾る場所、飾り方、飾る日など、その風習は地域や家によって異なります。

そんな複雑さのせいか、現代では飾らないという人も多くなりました。二十年前にはよく見かけたしめかざりの「露店」も、だいぶ減ってきました。

ところが、です。

毎年のように「消えそうな文化」と言われるしめかざりですが、なぜだか、「消えない」のです。

過去を振り返ってみると、近代化の波にのまれて消えていった藁細工はたくさんあります。草鞋《わらじ》、蓑、筵《むしろ》、俵、円座、藁布団……。その中でしめかざりは、いまだに藁（稲藁以外の藁も含む）で製作され、百円ショップにも置かれる程です。「しめかざりは信仰用具だからでしょ」と言われることもありますが、現代の私たちは、それほど信仰心をもってお正月を迎えているでしょうか。高齢のかたに取材をすると、お米や餅、正月にたいする深い思いを話してくださいます。しかし、それを聞いている私は、そこまでお米に感謝していないな……と恥じ入るばかりです。

では、そんな現代においても、なぜしめかざりは消えないのか。そんな小さな「疑問」と、各地に伝わるしめかざりの造形や習俗に興味を持ち、全国を歩くようになりました。

この本は研究書ではなく、しめかざりのルールブックでもありません。自分と同時代に生きる人々が、しめかざりとどのように関わっているのかを、通りすがりの旅人が描いた「スケッチ」です。

そして、本書に掲載したお話は、氷山の一角でしかありません。日本中には、さまざまな正月文化がまだ息づいています。掲載したしめかざりも、その土地を代表するもの、というわけではありません。私が偶然出会ったものです。

特に今回は、しめかざりを「どう作るか」ではなく、「なぜ作るか（飾るか）」に注目して執筆しました。現代人の振る舞いの中に、わずかでも先人から続く「正月のこころ」のようなものが滲み出てくるといいなと思っています。

この本を出そうと思った大きなきっかけは、ここ数年急に「しめかざりを作るのは今年で最後にします」という連絡が増えたからです。しめかざりに限らず、高齢化、後継者不足、形骸化といった問題は、さまざまな分野でいわれてきました。しかし、いよいよ「本当の」タイムリミットです。戦前を語ることのできる人は九十歳を超えます。

何か大切なものが消える前に、あわてて走り描きしたスケッチです。この本がみなさんのお正月を、そして日常生活を、新しい目で見るきっかけとなりましたら幸いです。

本書の「一章」は、工作舎のWEB連載「しめかざり探訪記」をまとめたもの、「二章・三章」は二〇二〇年に開催された「うずまく智恵 未来の民具 しめかざり展」（生活工房／三軒茶屋）における解説文の一部を加筆修正したものです。そのため、文体が一章と他の章で異なります。
また、展示会場では、取材時の製作動画を流していましたので、本書の文章を読むだけではわかりづらいかもしれません。巻末に動画視聴の情報を記しましたので、合わせてご覧ください。

目次

印鑑

# 本書に登場する土地

❶宮城県栗原市
三世代家族の年男

❷宮城県伊具郡丸森町
荒川家の「門飾り」と農家の生活

❸福島県会津若松市
会津若松のふたつの「けんだい」

❹東京都町田市
「初代」年男

❺岐阜県高山市
しめかざりタイムスリップin飛騨

❻滋賀県大津市
「ミさん」に守られた、大津のしめかざり

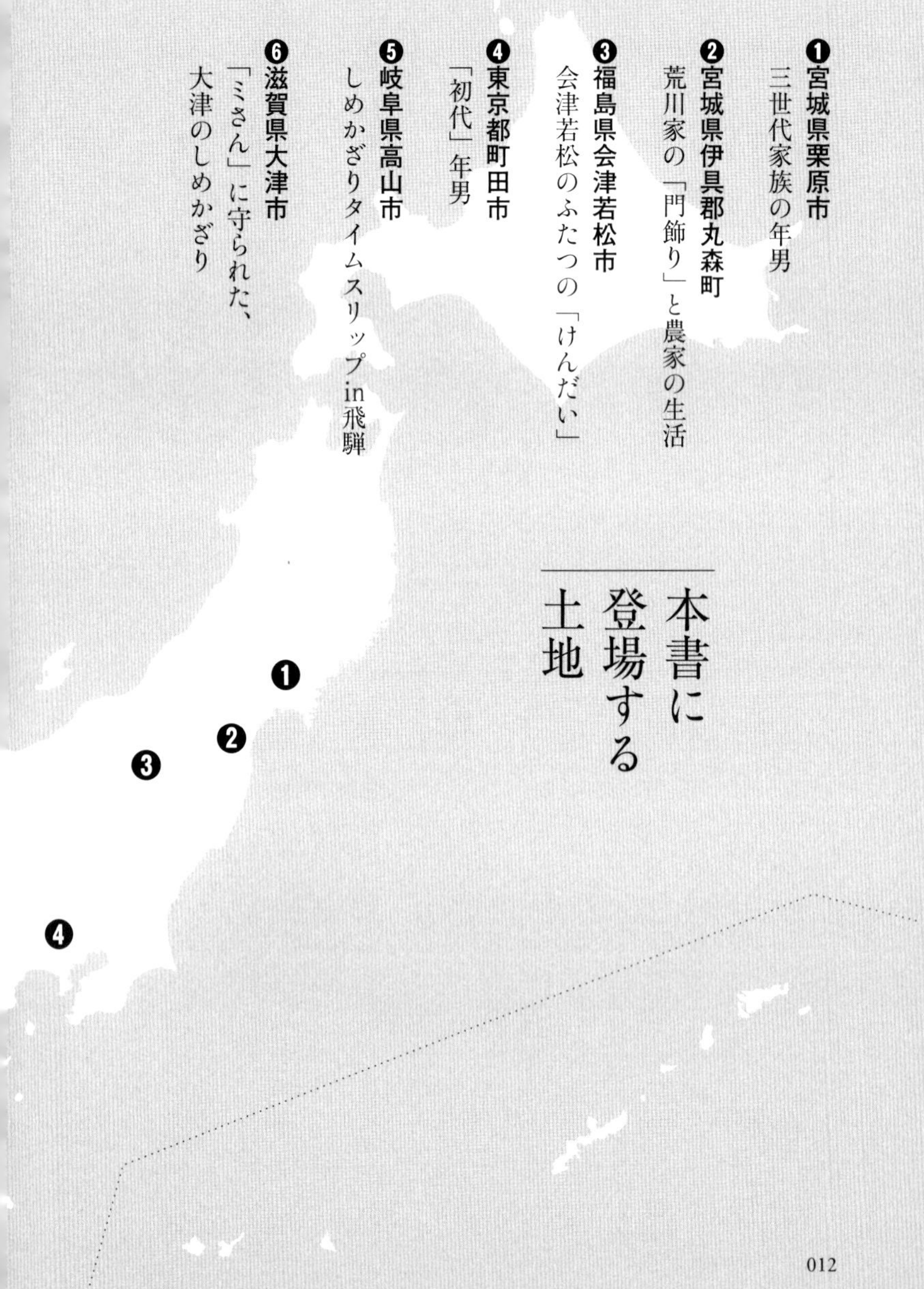

❼岡山県苫田郡
遠距離の年男

❽広島県庄原市東城町
商家のしめかざりを追いかけて

❽広島県庄原市東城町
だれもが訪れる場所

❾島根県飯石郡飯南町
出雲大社の大しめ縄製作「大撚り合わせ」行事

❿愛媛県松山市
記憶の中のしめかざり

⓫山口県山口市
一筋ナワではいかない？　小郡の丸いしめかざり

⓬鹿児島県鹿児島市
「ナンゲンノガホシイノ？」

## 凡例

・本書の内容は取材当時のものであり、現在の状況とは異なる場合があります。
・本書掲載の写真、図版は、断りがないかぎり筆者が撮影、描画したものです。
・参考文献は文章内に都度記しました。
・しめかざりの名称や伝承は、人や土地によって異なります。

# 探訪前夜

# しめかざりとの出会い

## 『モースの見た日本』

しめかざりに興味を持ったきっかけは、自分が通っていた美術大学の卒業制作でした。当時の私は「日本的なるものとは何か」を研究テーマに掲げており、どうすればそれを卒業制作として「表現」できるのか、悩みに悩んでいました。

そんなある日、図書館で一冊の本と出会います。『モースの見た日本』（小学館）です。エドワード・シルベスター・モース（一八三八〜一九二五）は明治期に来日した御雇《おやとい》外国人で、日本では大森貝塚の発見者として知られています。

そのモースが日本の風俗に興味を持ち、一八七七年から一八八二年にかけての三度の来日中に、膨大な数の民具を収集、撮影、スケッチしました。その資料を集め、豊富なカラー写真で本にしたのが『モースの見た日本』です。

卒業制作のヒントを探して何気なく開いたその本の中に、「しめかざり」を発見しました。それはモースが明治十一年に東京で出会ったという「玉飾り」の写真とスケッチです。百年以上も前なのに、現代の東京の「玉飾り」とほぼ同じ形だったので、こんなに変化しないものかと驚きました。

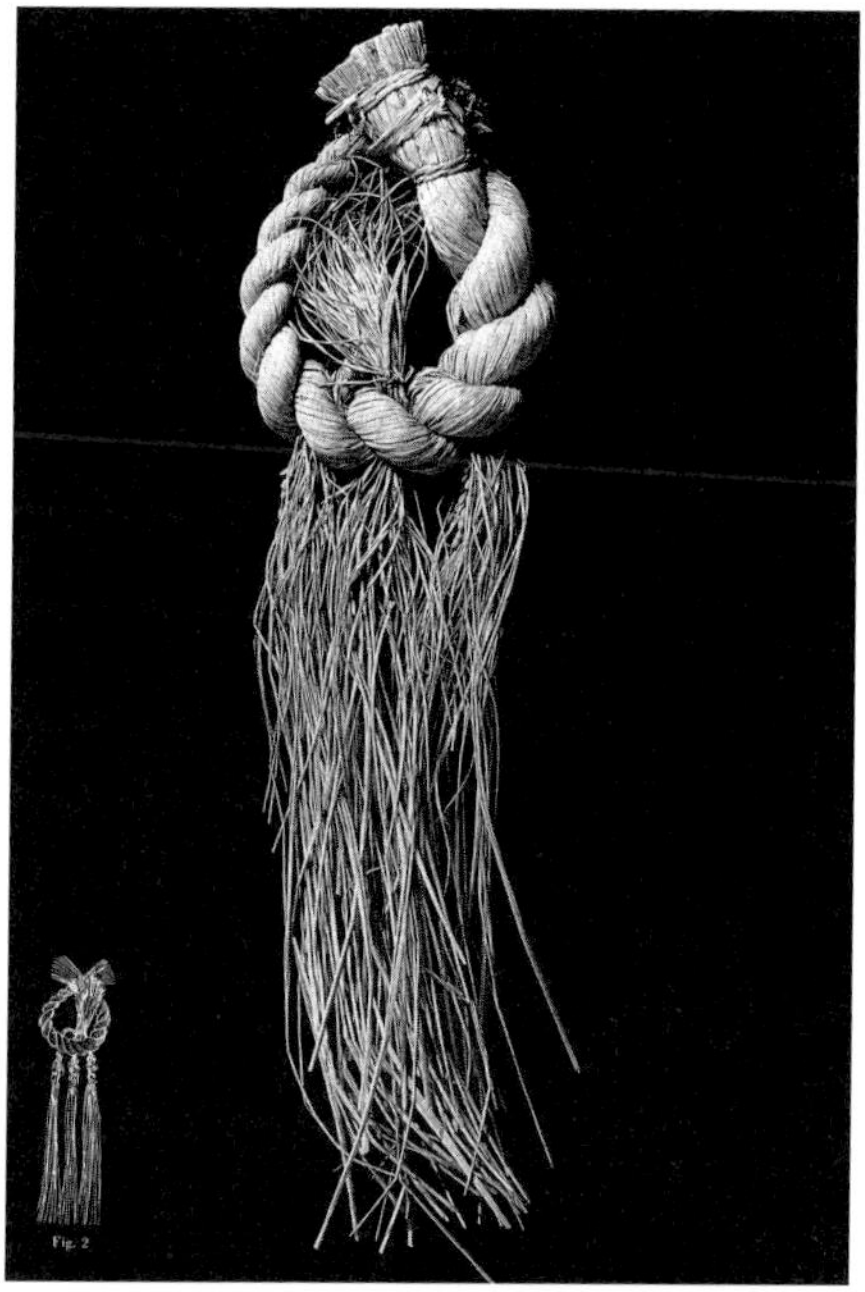


1

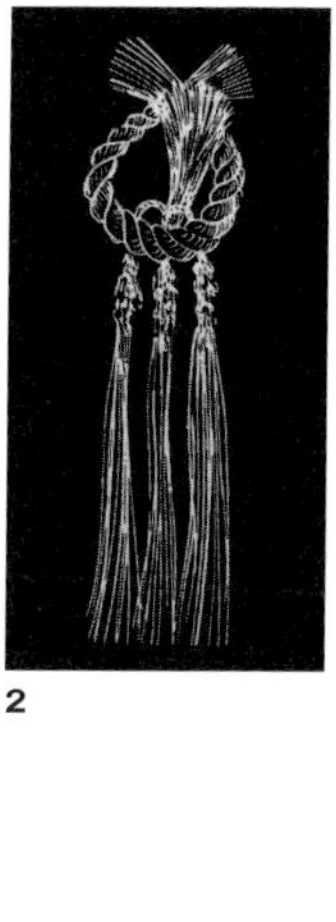

2

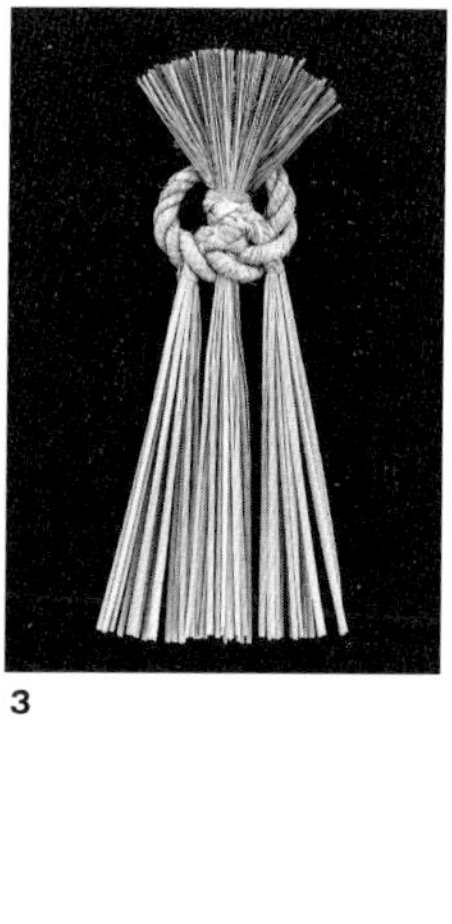

3

装飾を取る

4

**1**｜『モースの見た日本』（小学館、1988）より。写真の玉飾りは、本来の形よりも、だいぶ藁が抜けてしまっている。左隅にあるモースの描いたスケッチのほうが、当時の形がよくわかる

**2**｜スケッチ部分の拡大

**3**｜現代の東京の玉飾り。装飾を取り外すと、モースのスケッチによく似ている

**4**｜装飾を外す前の写真３の玉飾り。販売時は装飾がついているので、藁部分の造形に気が付かない

さらに、「しめかざり」という文化が近代化の波にのまれず、今の社会でも「生きている」ことが不思議に思われました。本の中に登場する他の民具（提灯、火鉢、下駄、水車、千歯扱《せんばこ》き、天秤棒、煙管《きせる》、等々）は日常生活から消えてしまっているのに。

そこで私は、「しめかざり」には、近代化すら乗り越える「日本的なるもの」が潜んでいるのではないかと仮説を立て、どんどん興味が深まりました。

## 百年後の日本展

卒業制作ではまず、モースの収集した江戸時代の「玉飾り」を職人さんに再現製作していただき、私が東京で収集した現代の玉飾りと並べて展示しました。

あらためて比較してみると、造形は似ていても、サイズが「小さく」なったり、「華美」になったり、「プラスチック」になったりと、細かい変化に気づきます。そこには、年神《としがみ》を迎えるという正月の意味が失われたことや、年始の回礼《かいれい》がなくなったこと、製作、流通の合理化などがあるのではないかと、拙い考察を試みました。

卒業制作のタイトルは、「百年後の日本展」です。

百年「後」としたのは、モースにたいして、「百年後はこうなりましたよ」という現状報告の思いからでした。それは、『モースの見た日本』の中で、モースがこんな言葉を残していたからです。


「この国のありとあらゆる物は、日ならずして消えうせてしまうだろう。私はその日のために日本の民具を収集しておきたい」


明治時代に、日本人以上に日本の行く末を案じていたモース。

モースは「消えそう」だと思った民具を集め、その中に「しめかざり」が入っていました。

私はいまだに、モースへ現状報告をしているのかもしれません。

# しめかざり探訪とは

卒業制作「百年後のしめかざり展」は大学で優秀賞をいただき、学生作品交流展として中国の浙江美術学院にも展示していただきました（一九九三年）。会場へ行かれた教授によると、現地の方々は、日本と中国の藁文化や正月文化の違いに、とても興味を持ってくれたそうです。そんなこともあり、大学を卒業しても「しめかざり」から卒業できなくなってしまいました。

社会人になり、「しめかざり探訪」をスタートさせましたが、最初は「趣味」程度です。仕事もありましたし、そもそも全国にこれほど多様な「しめかざり文化」が（現代に於いても）存在していることを知りませんでした。

それでも数年続けていると、「想像以上の種類、伝承がいまだに残っているのかもしれない」と思い始め、本腰を入れて、バックパックで歩くようになりました。

私の「しめかざり探訪」は、基本的に年末の一週間が勝負です。

大晦日の前《まえ》三日（二十八〜三十日）は、しめかざりの露店を探して歩き、購入し、作り手さんにお話を聞く。連絡先を交換できた場合は、後日取材する。

大晦日の後《あと》三日（元旦〜三日）は、しめかざりが購入できないので、家々でどのように飾られているかを見て歩く。

探訪初期はデジカメではなくリバーサルフィルムを使用していたのですが、経年劣化のせいか、色も画質も悪くなっています。本書でもそのまま掲載していますので、細部が見づらい場合があるかもしれません。

また、しめかざりの背景が黒い写真は、購入品を自宅で撮影したものです。つまり、黒い背景のものは大晦日より前に探訪した場所だということがわかります（わかる必要もないと思いますが）。

しめかざりの販売場所（露店）は、いつも良くわかりません。探訪初期には、自治体や観光協会、教育委員会、民俗資料館などに問い合わせることもしましたが、有益な回答はほとんど得られませんでした。

ダメ元で電話口のかたに、「ちなみに、あなたの家ではどこで購入していますか？」と聞いてみると、「ウチは母ちゃんが買ってるから知らないなあ」と言われました。「しめかざり」のことなんて、意識していないのが普通です。

一番簡単なのは、歳の市へ行くことです。それがなければ、人の集まるところ

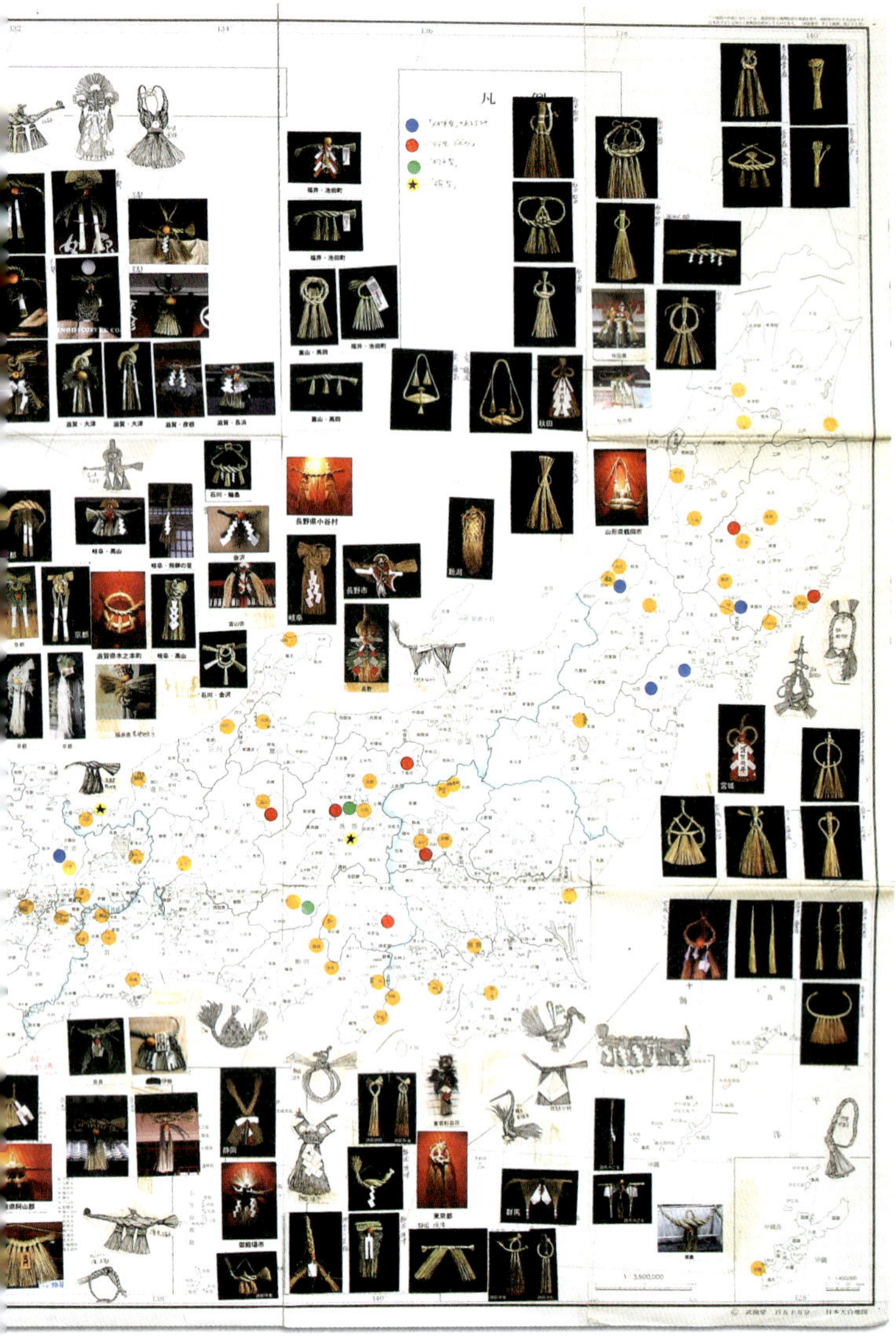

凡例
長野県小谷村
山形県鶴岡市
新潟
長野市
岐阜
秋田
宮城
京都
滋賀県木之本町
石川・金沢
東京都
群馬
静岡

探訪初期に作ったしめかざり地図。写真が貼りきれなくなり、だいぶ前にやめてしまった

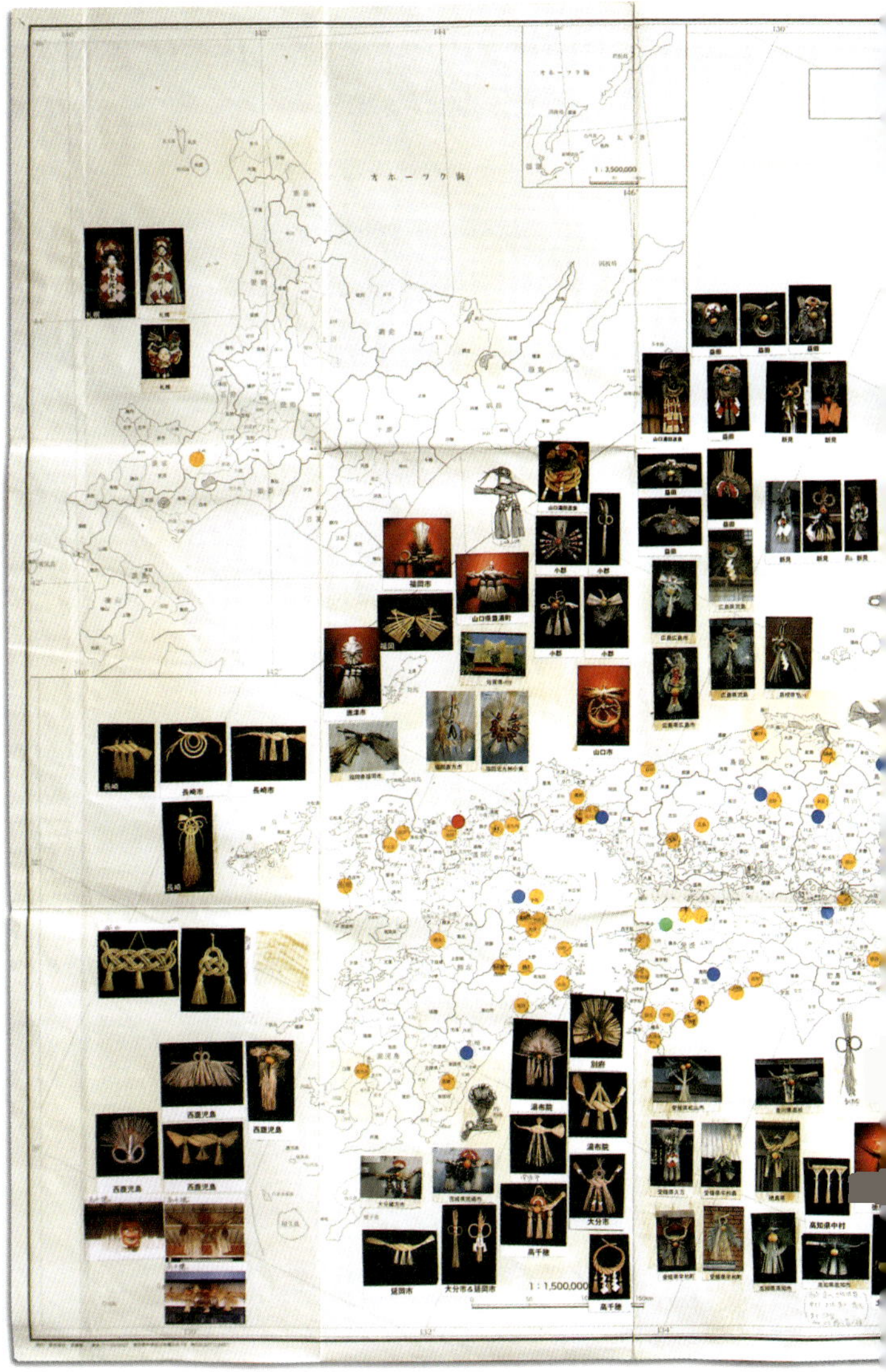

を探します。駅前、スーパーマーケット、ホームセンター、商店街。特にアーケード街は風雨を避けられるので、出会える可能性が高い。年が明けたら住宅街を見て回り、老舗の旅館や商店に行ってみます。

私の体感ですが、この二十年でかなり露店が減りました。屋外は寒いですし、設営に体力もいるので、後継者がいなければ難しいのだと思います。現在はスーパーマーケットに卸す人も増えましたので、私のしめかざり探訪は、スーパーマーケットとJA販売店を巡る旅になりつつあります。

徐々に、「その土地の」しめかざりを見つけることが難しくなってきました。「家に伝わるもの」は、なおさらです。作り手の減少や流通の発達で、しめかざりをめぐる風景は、人知れず変わってきています。

私自身もこの二十年で色々と病気をし、バックパック一つで旅するのが辛くなりました。いまでは小さなスーツケースを最寄り駅に預けています。高速バスも卒業です。そろそろ「シニア探訪」を考えねば……？

# しめかざりと年神

## しめかざりは清浄な場所の標

しめかざりは、正月に年神《としがみ》を迎える準備として、家の内外に張り巡らせたり、掛けたりする藁細工です。玄関はもとより、神棚、台所、床の間、勝手口、倉庫、井戸、祠など、使用する場所はその土地や家によって異なります。

私は便宜上、お正月に使用する藁細工を「しめかざり」と呼んでいますが、これも「しめ縄」、「トシナ」、「おしめ」など地域によって変化します。呼称自体がない場合も多くあります。

しめかざり、しめ縄は、その場所が神聖であることを示し、不浄なものや邪悪なものを防ぐ力があります。今でも神社のご神木や、地鎮祭、盆踊りなどで、ぐるりと張られたしめ縄を見ることができるでしょう。

そこで、正月には家のまわりや座敷などにしめ縄を張り巡らし、邪気を払って年神を迎えました。

とはいえ、しめかざりを掛けただけで、勝手に邪気を払ってくれるわけではありません。自分で大掃除をし、その場所を清めた後に掛けることで、しめかざりは「清浄な場所」という標《しるし》になります。そうすることで、年神も安心して降りてきてくれるでしょう。

と、偉そうに書いていますが、自分のことになると難しいのが現実。心だけでもこうありたいと思っています。

## 年神を迎える

そもそも年神とはどんな神様でしょう。年神は、「正月に迎える神」のことで、その名称や性格も家によって異なります。例えば、歳徳神（恵方を司る神）、祖霊神、若年様、田の神、山の神、その土地の神など、私もしめかざり探訪でたくさんの「年神」を見てきました。

けれど「自分の家の年神なんてわからない」という方も多いでしょう。そのような時は、自分の家のご先祖様（祖霊神）を年神とすれば良いと思います。もっと近しく考えるならば、自分の亡くなったおじいちゃんや家族、可愛がっていたペットなど、「お正月に来て欲しい」、「新しい年を見守って欲しい」という方をお呼びすれば良いと、私は考えます。すると、「おばあちゃんが正月に帰ってくるなら、ちゃんと大掃除しなきゃ」とか、「おじいちゃんの好きだったものをお節《せち》に入れよう」など、正月行事が「自分ごと」になります。

お正月は、勝手に来るものではなく、迎える準備をした場所に訪れます。

ある家の正月の床の間。神様がたくさん

参考文献：『精選 日本民俗辞典』（吉川弘文館、2006）

# 本書に登場する用語解説

◆藁《わら》………稲や麦などを干したもので稲藁、麦藁などという。しめかざりに使用する藁は主に稲藁だが、土地によってはスゲ、イグサ、マコモ、麻など、さまざま。

◆青刈り…しめかざりや藁細工専用の藁で、お米が実る前（夏頃）に刈り取り、乾燥させる。色が青く、柔らかいのが特徴。実を取らないので「ミトラズ」と呼ばれることもある。

◆脱穀後の藁…通常どおり稲刈りをし、実（米）を脱穀したあとに残った藁。うるち米よりも、モチ米の藁の方が長く、柔らかいのが特徴。昔は神に供える餅を作るため、モチ米の藁を使用することが多かった。

◆ミゴ……藁の先端、籾《もみ》が付いていた部分。

◆ハカマ…藁の節から出る葉。縄綯いの際には「ワラすぐり（ハカマを取る）」をし、ハカマも藁布団や藁細工などに使った。

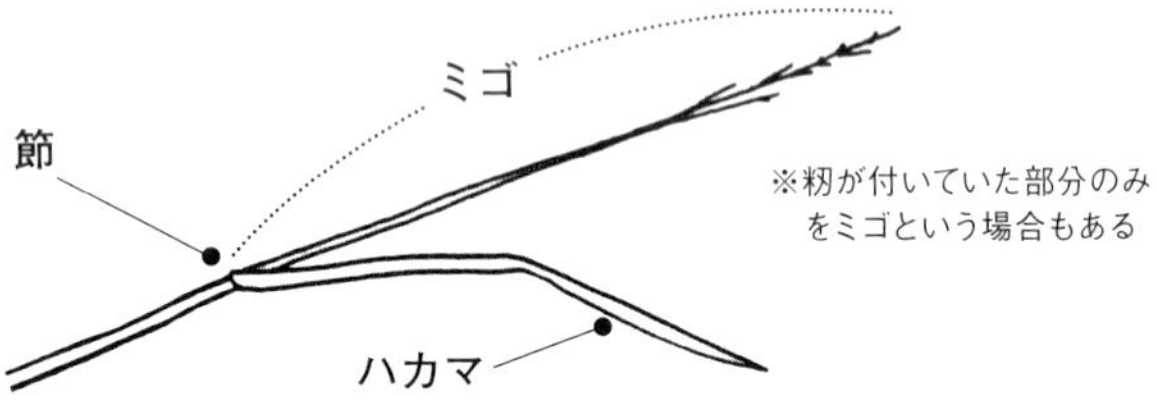

※籾が付いていた部分のみをミゴという場合もある

●縄目の方向●

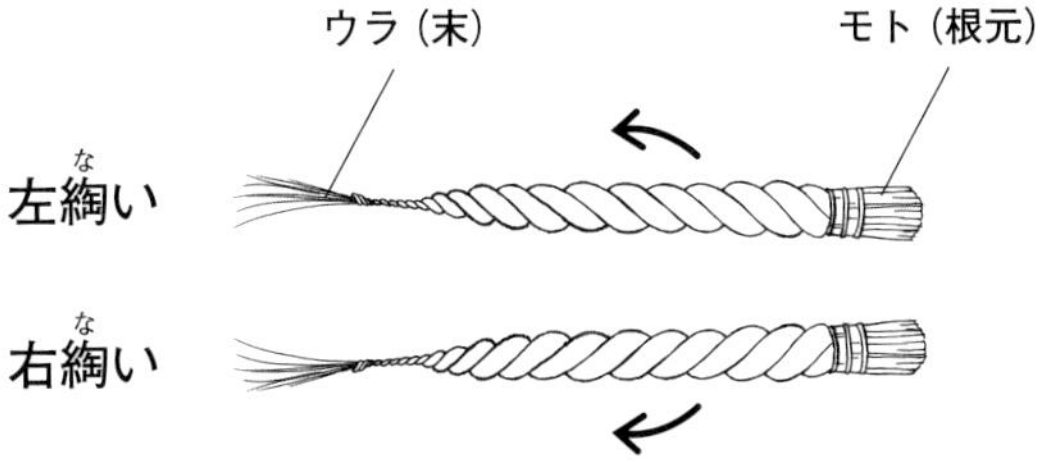


●かたちの名称●

形や名称は、土地や家によって異なります。以下はその一例にすぎませんが、本書を読む際のイメージの補完としてご利用ください。

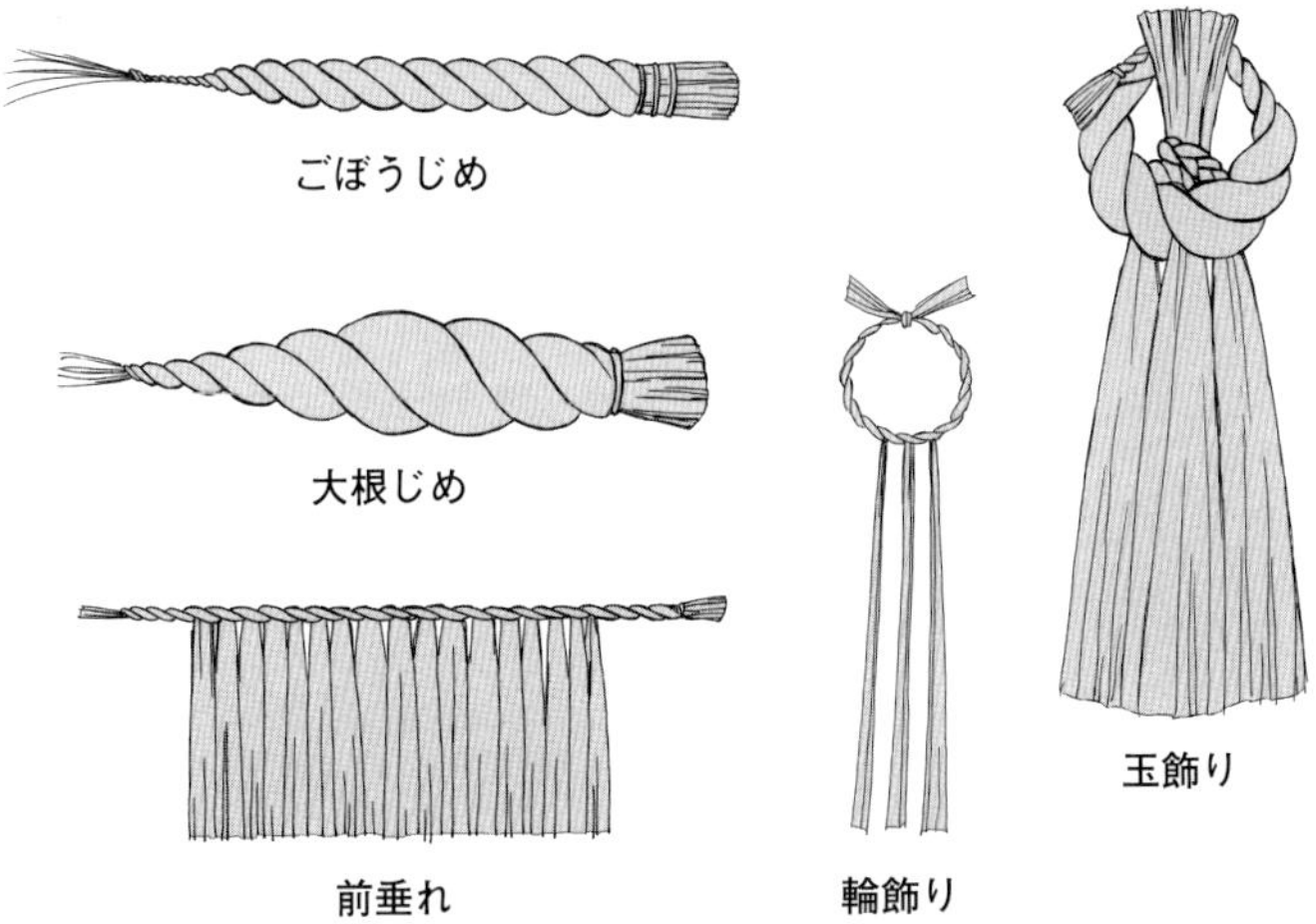

# 第一章　しめかざり探訪記

プレ探訪——愛媛県松山市

# 記憶の中のしめかざり

まずは、「プレ探訪」ともいうべき祖母の家の話から。この頃はまだ、日本各地を歩こうなどとは考えていなかった。けれど、祖母の存在はその後の「探訪」への大きな原動力となった。

**昭和五十年代、三津**

私は幼い頃、年末になると家族三人で父方の実家へ帰省していた。それは愛媛県松山市にある三津という港町で、昭和五十年代のこと。

帰省のたびに玄関先で撮影してきた記念写真が、今でも数枚残っている。そこには若かりし頃の両親や、見覚えのあるベレー帽を被った祖父が写っている。祖母はいつも忙しそうにしていて、それらの写真の中には居なかった。私はその年によって白いタイツを履かされていたり、わんぱくそうなショートヘアの年もあったりで、おおむね可愛い。

そんなふうに長年眺めてきた写真群が、ある日突然、「思い出写真」から「記録写真」へと一変した。しめかざりに興味を持ち始めていた私は、やっと写真の中の「しめかざり」に気づいたのだ。こんなに大きく中央に写っていたとは……。

そのしめかざりは、丸くて団扇のようなかたちをしている。特に、橙が「二個」付いていることに興味を持った。東京では一個なのに、なぜだろう。

昭和50年頃、父の実家の玄関にて母と私。頭上には三津のしめかざりが掛けてある。そして母のマフラーはヒザ丈の超ロング（当時のはやり？）

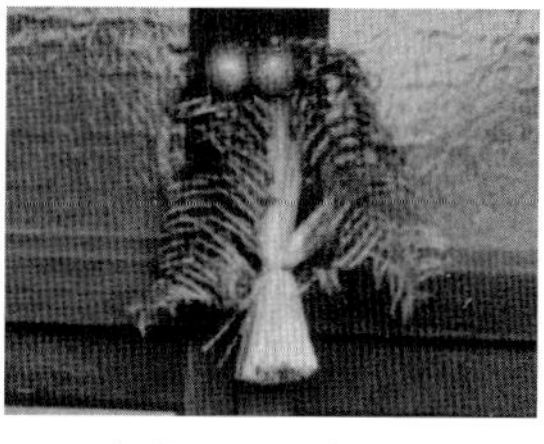

しめかざり部分のアップ。縄は右綯い

## 思い出の検証

「橙二個」の謎を抱えながらも、それから数年間は就職やら転職やらで、「橙」どころではなかった。もう二個でも三個でもいいから、家で寝たい。掃除のおばさんに起こされるのは嫌だ……というハードな職場ばかりだった。

ところが二〇〇〇年の正月。やっと心身が落ちついてくると、あの橙色が浮かんできた。それならばもう、「思い出の検証」をするしかない。私は三津の町や松山市内を歩いてみようと決心した。

足場はもちろん祖母の家。数日間の二人暮らしだ。ちょっと気恥ずかしくも嬉しい。

あの古いモノクロ写真から、すでに二十五年ほど経っている。はたして同じようなしめかざりを見ることができるのだろうか。

2000 年当時の三津の森家。玄関にしめかざりが掛けてある。家は昭和 4 年頃に建てられ、精麦業を営んでいた。松山は俳句の盛んな土地であり、昔は 1 階の座敷で句会が開かれたという。小屋組の梁には森家初代当主の句「薫風や今ぞ餅まく上げ汐る」が墨書きされている

2000年。森家のしめかざり部分のアップ。前出の昭和50年頃のものとは造形のバランスが少し違う。作り手によって変わるのだろう。しかし20年以上経った今も、橙は「2個」付いている。縄部分は右綯い、モトは左

**上**｜三津のしめかざりは花屋で販売していた。橙や裏白など装飾の有無を選べる
**下左**｜この花屋で購入したものを自宅で撮影。丸い形状を「杓子」に見立て、「福をすくい取る」と意味付けする場合もあるそうだ。輪の中の藁束は７束
**下右**｜八百屋にて。葉付きみかんは、小さなしめかざりや鏡餅などに付ける

**上**｜三津には大根じめ系もあった。関西圏でよく見られるかたち。左綯い、右モト
**下**｜長年使用しているような自転車にも小さなしめかざり

**上**｜向かって左の居酒屋のしめかざりは、橙２個で右綯い。右の民家は橙１個で左綯い
**下**｜道後温泉から湯神社へ向かう鳥居。笹を横軸にして、藁で作られた前垂れを沿わせ、その上に杓子型のしめかざりを掛ける。笹の根元は向かって右。橙は１個と思いきや……２個目は後ろに回っていました！

道後温泉街を歩く。勝手口には葉付きみかんの付いた小さなしめかざり。右綯い

## 祖母の橙

一日中歩き、ヘトヘトになって三津の家へ戻る。祖母は「疲れたじゃろ」と、お茶をいれてくれた。結局、街なかの取材では「橙二個」の謎は解けなかった。そもそも「橙一個」の場合も多かった。私は大した収穫もなかったので祖母と話が弾まず、取ってつけたように尋ねた。

「どうして三津のしめかざりは橙が二個付いているんだろうね」

「あれはお正月さまの目じゃけん。二つないといくまいがね（いけないでしょう）」

えっ！

祖母が即答した。私の祖母のイメージは「とにかくハイカラ」だったので、家の風習など興味がないと勝手に決めこんでいた。祖母は明治四十二年生まれで、大正時代の女学生にしては珍しく、バスケットボールをしていたのが自慢だ。

父からそんなハイカラ話ばかり聞いていたので、失礼ながら「しめかざりのことなど知るまい」と思っていた。まさか橙が「お正月さまの目」だったとは……。

もちろん、これは誰かが言い出した後付けの解釈かもしれない。とはいえ、祖母が生活の細部にまで、自分なりの「答え」を持っていることに驚いた。だから生き方に迷わない。そんな祖母だった。

## 取るに足らない文化

さて、祖母の息子、つまり私の父は、精麦工場の長男として生まれた。田んぼとは無縁の生活で、田植え、稲刈りの経験なし。縄も綯えない。父こそ何も知らないだろうと、期待値ゼロで聞いてみた。

「実家でしめかざりの思い出ある？」

「俺が家じゅうのしめかざりを掛けてたよ」

えっ!!

そんなバカな、とさえ思った。父にしめかざりとの関わりがあるなんて……。

長男だった父は、中学生の頃には正月仕事を手伝わされていた。玄関はもちろん、洗濯機や自転車、精麦工場で使っていたボイラーやリヤカーなど、計十四か所にしめかざりを掛けて回ったという。

絵を描くのが好きな父は、自分がしめかざりを飾った場所のいくつかを、イラストにしてくれた。次ページに少し掲載してみる。

# 父がしめかざりを飾っていた場所

（計14か所の詳細は47ページへ）

昭和30年代
運送・配達に毎日
お世話になる"愛車"に

お得意先に直結する
事務所の電話は
特に丁重に。


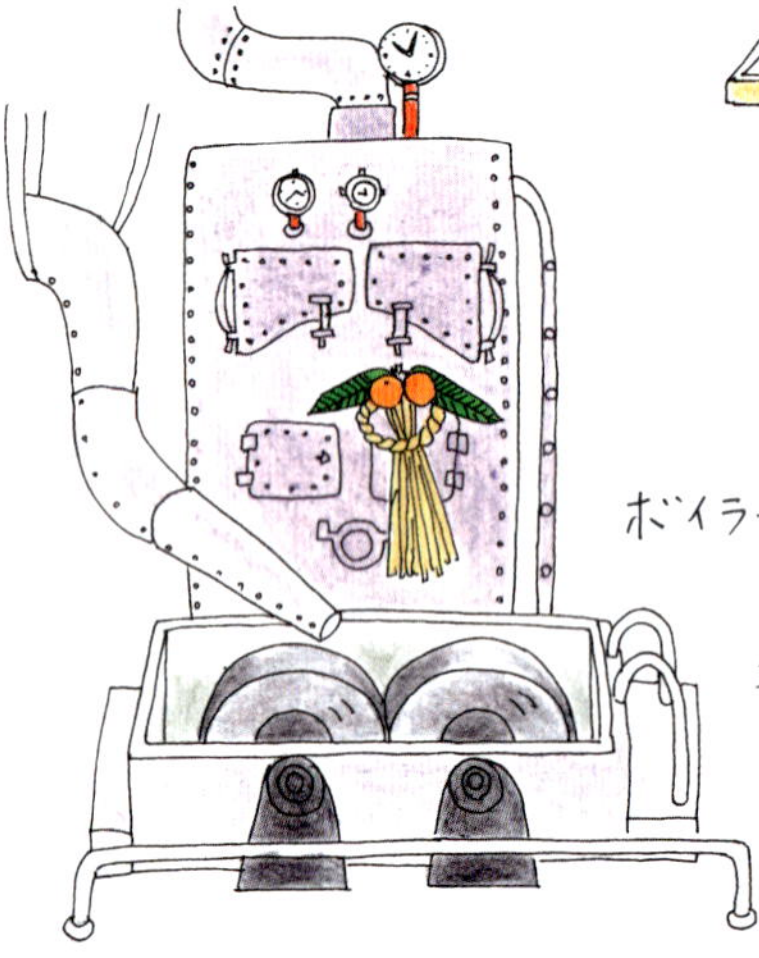
工場の心臓部ボイラーには
安全を祈って大きなしめ飾りを


絵と字・森庄平

正面玄関入口には、
最も大きなしめ飾り
(ダイダイ2コ付き)を、必ず
長男が取付けます。
これが"我が家"の決まりです。
室内アンテナ付
テレビジョン
新型プレス式
電気洗濯機
町内に何台もない、自慢の
高価な電化製品には、必ず!

「……それにしても、娘（私）がしめかざりに興味を持っていると知りながら、どうして今までこの話をしてくれなかったの？」

「いやー、なんでだろう。こんなことは当たり前だったし、お前が知りたいのはもっと珍しいしめかざりのことだと思ってたよ」

しめかざりに限らず、自分の家の風習については「取るに足らないもの」だと思ってしまいがち。あまりにも「当たり前」で、ほかの家と比べる必要もなく、淡々とおこなわれてきたから。

**散歩は「昔話聞き取りタイム」**

ある日、高齢となった父を散歩に連れ出した。いちばんは健康維持のためだが、私には「昔話聞き取りタイム」という裏テーマがあった。先祖代々のしきたりや、実はひっそりと語り継がれてきた森家七不思議などの話を期待していた。

ところが、出てくるのはたわいない話ばかり。父のおじいさんが、なぜか食事のたびに「いただきます」ではなく「プレイボール！（＝食事開始）」と言っていたとか、祖母は線香を必ず二つに折って焚いたとか（以前、長いままで焚いた時に風で灰が落ち、まわりを焦がしたことがあるらしい）。私の思惑どおりではなかったが、森一族の気風を知るような楽しい散歩タイムとなった。

けれど、ふと、これはどこかの家の昔話ではなく、自分に繋がっている話なのだと気づいたとたん、すこし怖くなった。私との関係性など希薄だと思っていたご先祖さまが、急に近づいてきて「いつも見ているよ。ふふふ」と囁いているような気持ちになった。

自分の家の「取るに足らない」文化は、実は一族による一族のための貴重な「生きる術」なのだろう。立派な技術やしきたりでなくとも、父のおじいさんの「プレイボール！」でさえ、いつか私を助けてくれる気がする。少なくとも自分の人生は、生まれたその日に始まったわけではないことを、家の記憶は教えてくれた。

ただし、「記憶」は時限装置付きの宝。早く聞かないと消えてしまう。最近つくづくそう思う。

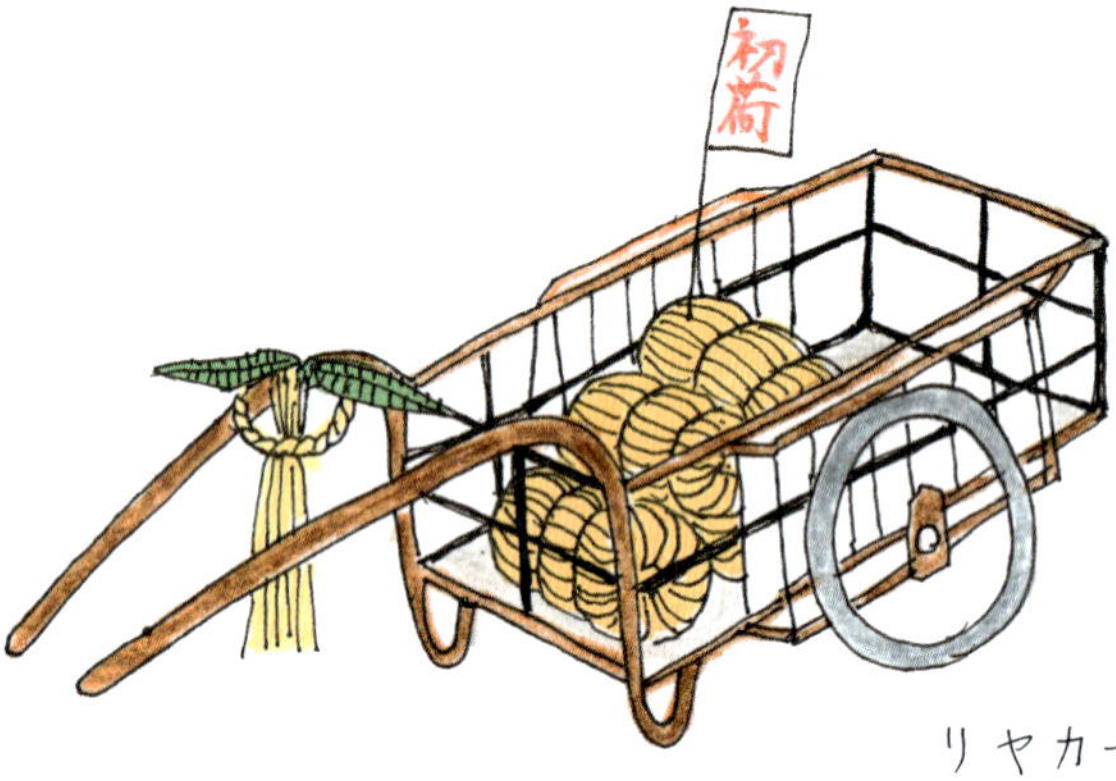


リヤカー

オマケ

## 父のしめかざり ミニ・ストーリー

昭和三十年代。森家では毎年暮れのギリギリまで、家業である精麦工場の仕事に追われていた。そのため大掃除はいつも大晦日。当時中学生だった父は、家に居ると手伝わされると思い、どこかへ遊びに行くのが常だった。しかしいつも夜になると、そのツケが回ってきたという。当時の親子の会話。父の名は庄平。

**父親**「庄平、お飾り付けたか」
**庄平**「付けてない」
**父親**「まだ付けてないんか。長男がせにゃいくまいが」
**庄平**「昼間に言うてくれたらええのに。こんな夜になってから言われた

ら嫌じゃわい。寒いし……」

**父親**「ええから、早よやれ。今日中にやらんと神さんのバチが当たるぞえ」

**庄平**「ほんならやるけんど、紅白（歌合戦）が始まるまでやで。始まったらもうせんよ！」

そんな父がしめかざりを掛けた場所は十四か所。この数を夜に掛けて回るのは、中学生でも大変だったと思う。

❶正面門戸の上
❷神棚
❸蔵
❹水道蛇口
❺庭の井戸
❻かまど
❼お地主様の祠
❽工場のボイラー
❾精麦機
❿自転車二〜三台
⓫リヤカー
⓬オートバイ
⓭風呂
⓮電話機三台

二〇〇三年十二月二十九日——鹿児島県鹿児島市

# 「ナンゲンノガホシイノ？」

ここからは、「しめかざり探訪」時に書いたメモや日記をもとにしながら、いくつかの土地を振り返ってみたい。第一回目は、探訪初期（二十一年前！）の鹿児島県から。

## 作り手自身による露店

二〇〇三年十二月二十九日。午前九時五分発のＪＡＳ５７３便で羽田から鹿児島へ向かう。容量20リットルのリュックの中には、一眼レフカメラ、カロリーメイト、しめかざり用の梱包道具、そしてリバーサルフィルム（PROVIA 100F）が十五本入っている。フィルムはかさばってしょうがなかったが、当時の私はまだデジカメの性能を信じられずにいた。

午前十時五十五分。空港に到着。暑い！　今日は最高気温十八度まで上がるらしい。ダウンを着込んだ私には、暖かいというより暑いという感覚だ。おそらく日本人の「正月」のイメージも、北と南ではだいぶ違うのだろうと想像する。

まずはバスで西鹿児島駅（現在の鹿児島中央駅）へ。駅前では年の市が開催されていた。豚の角煮が大きなブロック（断面の横幅30センチくらい）のまま並び、さつま揚げも山積みにされている。魚屋では立派なキンメダイやマダイが何匹も並び、その赤くキラキラした鱗の波が私を高揚させる。さあ、肝心のしめかざりはどこに？

道端のちょっとした空きスペースにゴザやダンボールを敷き、農家単位でしめかざりの露店が出ていた。親子孫の三世代で営んでいるふうのお店や、老夫婦二人で出している店などさまざま。なによりありがたいのは、どの露店も「作り手自身」が店を出しているということ。そのおかげで、露店に並んだしめかざりの意味や使い方を、作り手に直接尋ねることができる。

当たり前のように思うかもしれないが、東京では必ずしも「作り手＝出店者」ではない。それは昔から「藁の本体部分を作るのは農家、裏白《うらじろ》や橙などの飾りを付けて販売するのは鳶《とび》（火消し）」という文化があるからだ。

西鹿児島駅の近辺にしめかざりの露店が出ている。脱穀後の藁を使ったものが多い

駅前の年の市。キンメダイ 2250 円、マダイ 1350 円、マグロ 900 円

## まるでブーケのよう

東京の話は別の機会にして、今日は鹿児島。少し離れたところに、一人で店番をしているおばあさんがいたので近づいてみる。そして店に着いたとたん、私は心の中で叫んだ。「なに？　このかたち！」

そのしめかざりはブーケのような形状で売られていた。東京のしめかざりを見慣れた者には理解不能のかたち。平静を装う私に、おばあさんは「ナンゲンノガホシイノ？」と言った。当時まだ「しめかざりリテラシー」の低かった私には宇宙語に聞こえたが、今ならわかる。おばあさんは「何間のが欲しいの？」と言っていたのだ。一間は六尺で約一八〇センチ。つまり、しめかざりは色々な長さがあるから、あなたの家の間口が一間なのか二間なのか半間なのか教えなさい、ということだった。

自宅の玄関の幅を「間《けん》」で言えずにモジモジする私の横で、地元の人が「一間と半間を二個ずつちょうだい」とサラっと言った。玄関だけでなく、家にある様々な入口の数とその長さを把握しているだけで、「きちんと家を見ている人」という感じがしてカッコよかった。しかしこれが鹿児島では当たり前。

ところで、まだブーケの形状の謎が解けていない。なぜ、このような形なのか。

早速おばあさんに尋ねてみると、このしめかざりは渦巻き（私の言うブーケ）が二個で一セットになっていて、使用する際には渦巻き部分を解いて左右に開くそうだ。そうすると「前垂れ」のような形状になる。つまり、ブーケ型になっている理由は、運搬時の利便性のために巻いているだけだった（形状は次頁の写真参照）。

## なぜ二つ？

謎が解けてこれでスッキリするかと思いきや、また新たな謎が生まれてしまった。そもそも、なぜ二つの渦巻き（前垂れ）を合体させたのか。一つだけでも、一間や半間など好きな長さを作ることができたはず。

おばあさんはこの「二つの渦巻き」の理由はわからないと言ったが、私はなんだか「鶴」に見えてきてしまった（勝手な妄想です）。左右に伸ばした前垂れが翼となり、中央に付いた橙が鶴の頭となる。こんなことを思ってしまったのは、全国的にみると九州には「鶴」のしめかざりが大変多いからだ。

この鹿児島の露店でも、あのブーケ型とともに、さまざまな鶴のしめかざりが並んでいる。鶴は長寿の象徴であり穀霊神としての側面もあるため、しめかざり

**左**｜西鹿児島でよく見かける形。まるでブーケのようだが、運搬用に丸めているだけ。サイズの大小は、間口の幅によって使い分ける
**右**｜ふたつで１セットとなる。中央で結ばれ、橙と裏白、譲葉が付いている
**下**｜使用時の形態。渦巻き部分を左右に開く。ちょうど中央に、橙や裏白が垂れる

のモチーフとしては珍しくないが、それにしても九州のバリエーションの多さは眼を見張る。

さて、いくつかの露店を回って大小様々なしめかざりを購入し、その大荷物を抱えて鹿児島の名勝、仙巌園《せんげんえん》と重富荘《しげとみそう》に向かった。歴史ある建物には昔ながらのしめかざりが掛けられている可能性が高いからだ。実際、仙巌園も重富荘も先のブーケ型と同じ構造のしめかざりだったが、両脇に控える立派な門松と相まって、とても壮麗な印象を受けた。

**最近の「お飾りカード」**

その後も周辺のしめかざりをバタバタと撮影し、近くにある磯工芸館で大好きな薩摩切子を一瞬だけ愛でたあとは、もう時間との勝負。一時間以内に本日収集したしめかざり達を梱包して自宅に発送せねばならない。しめかざりは大きいので、コンビニのダンボールでは小さすぎる。商店街をまわり、煎餅屋さんでどうにか大きな箱をゲット。店舗脇の駐車場で瞬時に梱包し、コンビニへ走って発送完了！

こんなに急ぐのは電車の時間があるからだ。今晩は長崎に宿泊するため「つばめ20号」に乗らねばならない。汗だくで西鹿児島駅に戻ると、売店の「とんこつ弁当」に釘付けとなった。そうか、昼食を食べていなかった！　買おう、買おう、とんこつ弁当。今日はカロリーメイトに手をつけずに済む。

とんこつ食べて日が暮れて。途中、鳥栖《とす》駅で特急「つばめ」から「かもめ」に乗り換えると、隣に座った五十歳代くらいの女性が話しかけてきた。阿久根（鹿児島県）での墓参りの帰りで、福岡まで行くという。その女性は「しめかざり」に特別な興味があったわけではないが、阿久根の街でしめかざりを全く見かけなかったことを不思議に思い、タクシーの運転手にその理由を聞いてみたそうだ。運転手は言った。

「最近は皆、印刷されたカードを玄関に貼るんですよ」

この「カード」は、「お飾りカード」や「紙門松」などと呼ばれ、私も高知県、岡山県、千葉県、北海道などで見てきた。多くは短冊状の紙に門松が描かれ、それを自治体が配布したり、ホームページからダウンロードしたりする。わざわざ自治体が「カード」を配布する理由は、緑化推進（松林の保護）、ゴミの減量、家計の負担軽減、など様々。核家族やマンション住まいが増えたことも要因の一つだろう。一概に良し悪し

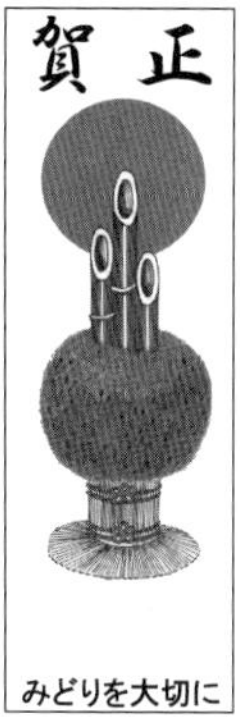

参考：千葉県某市の門松カード

仙巌園。
お孫さんと一緒に
「牡丹展」かしら

第16回 仙巌園
島津牡丹展

は言えないが、このカードを貼る人の多くが「じゃあ、しめかざりは飾らなくていいや」と考えることは想像に難くない。

「阿久根でも、私が小さい頃はしめかざりを飾っていたと思うのだけど…」

そうつぶやく女性の頭の中に、数十年前の阿久根の街が広がっているのを感じて、私もノスタルジックな気持ちになった。

二十時五十六分。「かもめ」が長崎駅に着く。明日はどんなしめかざりと出会えるだろうか。

磯工芸館の目の前に桜島が見える。年の瀬とは思えないような風景

二〇〇二年十二月三十日——山口県山口市

# 一筋ナワではいかない？小郡《おごおり》の丸いしめかざり

今回は、二〇〇二年に訪れた山口県小郡町（現在の山口市）での「しめかざり探訪」を振り返る。小郡がまだ新幹線「のぞみ」の停車駅になる前の話。

## あすは山頭火の地

私にとって、小郡といえば俳人・種田山頭火《たねださんとうか》（一八八二〜一九四〇）。山口県に生まれた山頭火は漂泊の人生を送ったが、晩年に六年間だけ小郡の草庵に暮らした。私は山頭火の句が好きで句集は事あるごとに読んできたが、この草庵での日々を綴った「其中《ごちゅう》日記」はなぜか読まずにきてしまった。

今がその時なのだろう。早速本を入手し、少し期待して「昭和八年一月一日」のページをめくる。運が良ければ昭和初期の小郡のしめかざりについて書かれているかもしれない。

「門松や輪飾りはめんどうくさいので、裏の山からネコシダを五六本折ってきて壺に挿した、これで十分だ」（『山頭火全集』春陽堂1986）

ガクッ。

出端をくじかれたが、いやいや、山頭火らしい。本質は「形」ではなく「気持ち」にあるということか。少なくとも、昭和八年の小郡に門松と輪飾りがあったことは確かだ。これを収穫としよう。「其中日記」によると、ネコシダを挿し終えた山頭火は、その後三日間飲み歩き、踊り続けた。

気を取り直して、小郡の歴史を下調べしておく。小郡は山陽道の宿場町であり、かつては椹野《ふしの》川の河港であった。明治以降は山陽本線、山口線、宇部線の分岐点となり、水陸ともに交通の要衝として栄えた。

私は、「小さな郡」という奥ゆかしい地名と、人・モノ・交通が力強く行き交う「スクランブル感」とのミスマッチを想像して面白がった。きっと今もたくさんの旅人が往来し、さまざまな店が軒を連ねているに違いない。

息苦しいほどの雑踏と、踊り歩く山頭火を思い描きながら、いそいそとリュックに探訪グッズを詰めた。

メガネ型。よく見ると松葉とともに梅の枝と笹が挿してある。これで「松竹梅」としている

太めのしめ縄を湾曲させたもの。写真上はシメノコ無し。下はシメノコが一束。装飾多め

## 「橙とミカン」のきもち

十時十四分。小郡駅に着いた。

「ゴーストタウンだった」

当時のメモには、小さな文字で力なくこう書かれている。意気消沈したのか、町の風景をほとんど撮影していない。今思えば、確かに「スクランブル感」はなかった気がするが、「ゴーストタウン」は言い過ぎだったかもしれない。期待が膨らみすぎた故のこと、小郡の皆さま、怒らないでください。

とにかく、嘆いても仕方がない。すでに航空代だけで三万円の出費だ。手ぶらでは帰れない。喝を入れて線路沿いを歩く。露店は見つからない。

すると重い足取りの先に大きなスーパーが現れた。店の外にはワゴンがいくつか並んでいる。近づいてよく見ると……しめかざりだ！　ワゴンにはさまざまな形のしめかざりが並んでいる。舟型、メガネ型、鶴型、ゴボウジメに房を垂らしたようなもの。中でも興味を惹かれたのは、リース風の丸いしめかざり。

装飾の「橙とミカン」の組み合わせが気になる。というのも、しめかざりには「橙を一個」付けるのが一般的だからだ。愛媛や茨城のように「橙を二、三個」付ける土地もあるにはあるが、小郡のような「橙とミカン」という組み合わせは見たことがなかった。

この理由を知りたいと思い、店員さんに作り手を紹介してもらえないかと頼んでみた。しかしダメだった。残念だが、当然だろう。私はそれらしい肩書きも実績もないただの旅人。別の土地では露骨に嫌な顔をされ、店から追い出されたこともある。しめかざりは「文化」であると同時に「商品」だ。作り手が減少している今、同業者かもしれない人間に、易々と貴重な仕入先は教えられない。

ワゴンに戻り、不甲斐なくしめかざりを見つめる。すると、（完全に私の妄想だが）大きな橙と小さなミカンが「親子」のように思えてきた。そもそもしめかざりの橙は、音読みが「代々」と通じるため、その家が代々続きますようにという願いが込められている（諸説あり）。

いずれにせよ、柑橘類が豊富に付いていると、暖かい地方のしめかざりだという感じがする。北へ行くほど、橙などは見られなくなる。

## 素のかたち

さて、橙などの装飾を観察したあとは、土台の藁の造形が気になってくる。そんな時に私がよくやるのは、「装飾を外す」ということ。つまり、橙や裏白など、

スーパーで購入したもの。橙とミカン、裏白、譲葉が付いている。縄部分は右綯い

正面から見たところ。一連に見える

側面から見たところ。輪が二つ重なっている

京都の「鳩」。こちらも縄部分は右綯い

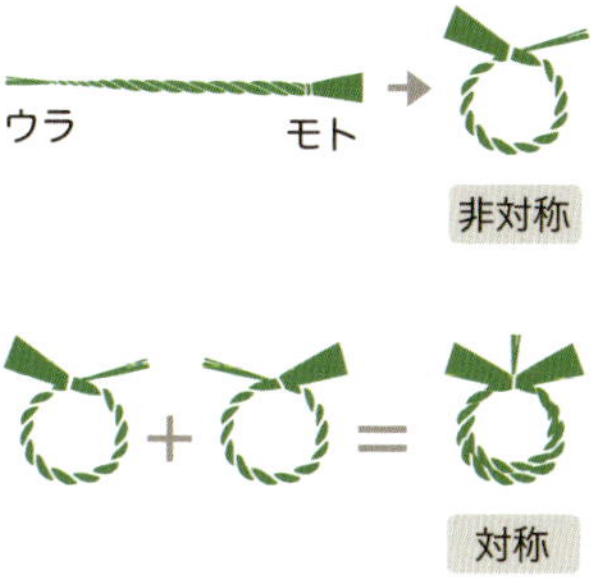

藁の上に付いている装飾を取り去る。そうすることで土台の造形がしっかりと観察できる。その丸いしめかざりは装飾を外され、素の姿となった。

正面から見ると可愛らしい佇まい。しかし角度を変えて横から見ると、かなり太い輪が二重にかさなっていて、その突然のボリュームアップに驚く。

なぜこのような造形になったのか。正面から見えないのだから、一重でもよかったのではないか。しばらく考えて気づいた。そうか、左右対称形にしたかったのだ。藁には「モト（根元）」と「ウラ（先端）」があるため、一重の輪では対称形にならない。そこで、二つの輪を重ねることで左右対称の美しいかたちを生み出した。

しかし、製作の労力を倍増させてまで、対称形にこだわったのはなぜか。そこで思い出したのが京都の「鳩」のしめかざり。見た目の印象はかなり違うが、構造は小郡のものと同じだ。

京都のものは、飛び出した左右の藁束を「翼」に見立てている。そうなると、この小郡のしめかざりも「翼」を広げた鳥に見えてくる。はたして真相はいかに。

## 描くと見えてくる

結局このスーパーでは七種類ほどしめかざりを購入。近くの公園にそれらを運び、ひととおり撮影する。購入後すぐに撮影しないと、裏白が丸まったり、運ぶ途中で変形してしまうからだ。

時間がある時には、走り書き程度にスケッチもしておく。絵にすると曖昧さが排除され、「譲葉《ゆずりは》は互い違いなのか」、「藁の輪は単純に重ねているだけではないのか」と、たくさんの発見がある。

しかし公園でこんなことをしている人間は、子どもたちにとって格好の獲物。「何これ〜」、「何描いてんの〜」と私を包囲し、しめかざりに手を伸ばす。わああ、今は触らないで、頭に載せないで、橙を取らないで。

そして母親がやって来て「やめなさい」と小声で言う。私は愛想笑いをして、「不審者ではない」というオーラをしぼり出す。これがしめかざり探訪のデフォルト。

## 揺らぐ「青い山」

公園をあとにし、十四時二十五分発の「おき94号」で益田（島根県）に向かう。

小郡駅のホーム

山陽と山陰を縦断する山口線だ。座席に着いてリュックを下ろすと、思いのほか疲労感があった。結局、小郡ではしめかざりの露店を見つけられず、作り手にも出会えなかった。こんな時に必ず浮かんでくるのが、山頭火の有名なこの一句。

分け入つても分け入つても青い山

この「青い山」は私のリトマス試験紙。物事がうまくいっている時には、もう少しで到達できそうな希望の山に見える。しかし気持ちが落ち込んでいる時は、どんなに分け入っても永遠に届かない絶望の山としてそそり立つ。

今日はどちらに見える?

二〇〇六年十二月二十八日――岐阜県高山市

# しめかざりタイムスリップin飛騨

二〇〇六年は、岐阜県高山市から滋賀県大津市をまわった。まずは高山での二日間を書いてみる。

## ビル街のバスターミナル

十二月二十八日。早朝に自宅を出て、新宿西口の高速バスターミナルへ向かう。まだ「バスタ新宿」が影も形もない頃で、旧安田生命第二ビルの一階にバスの発着所があった。ビルも待合室も年季が入って薄暗い。そもそも私は「バスターミナル」というものが苦手だ。目まぐるしく発着するバスの群れから、自分の一台をキャッチできるだろうかと不安になる。さらにこのターミナルは乗り場が三台分しかなく、陣取り合戦のようにバスが入れ替わる。そんな私が高速バスを選んだのは、ひとえに交通費が安いから。片道六五〇〇円。成果が約束された旅ではないので、コストはできるだけおさえたい。

## 高山陣屋前

無事、午前八時発のバスに乗りこみ、午後一時三十分に高山駅へ到着。バスを降りると曇り空で、空気が冷たい。駅前の土産物屋に、さっそく大きなしめかざりが飾ってあった。藁縄を三連にした「輪」から、豊富な藁束が滝のように下がっている。藁は青刈り（夏に刈り取る青い藁。お米は収穫しない）のように見える。装飾には海老、橙、扇、昆布、稲穂、梅、小判、松、紙垂《しで》が付いている。裏白はない。

しめかざりの下には、風土色のある味噌と漬物が並んでいる。「赤かぶ漬け」が多いので華やかだ。飛騨の名産と書かれているが、愛媛の祖母もよく赤かぶを漬けていた。赤かぶ漬けに橙をしぼると、化学反応でみるみる「蛍光ピンク色」に変わっていく。それが見たくて、幼い私はせっせと橙をしぼっていた。

土産物屋のしめかざり

そんな思い出に浸りながら歩いていると、十分ほどで高山陣屋に着いた。高山陣屋とは徳川幕府の郡代役所で、一七六年間にわたり飛騨の統治をしていた場所。その門の前に立つだけでも歴史と風格を感じたが、私は一歩も立ち入ることなく背を向けた。なぜなら、門の前にしめかざりの露店が出ていたから！

高山陣屋前のしめかざり露店

高山陣屋の煤払い

陣屋前では、毎日正午まで「朝市」が立つ。地元の農産物とともに、年末にはしめかざりが並ぶというのでやって来た。正午はとっくに過ぎていたが、しめかざりの露店は当然のように開いている。年内に必ず売り切らねばならないのだから、休む暇はない。

角材とブルーシートで作った露店がいくつも連なり、大小のしめかざりや松の枝が並んでいる。玄関用の輪状のしめかざりで千円から二千円。東京と比べたらかなり安い。扇や海老などの装飾は先の土産物屋と似ているが、やはり裏白はない。裏白は寒い地方では自生しづらく、東北や北海道のしめかざりでも付けないところが多い。

## 力士のしめかざり

この陣屋前の朝市には明日あらためて訪れることにして、すぐ側を流れる宮川沿いを歩いてみる。すると、ひときわ目につく露店が現れた。大きな看板には「日の出」と「打出の小槌」が描かれ、大らかな筆致に心が浮き立つ。

店にはさまざまなしめかざりが並んでいたが、大きく分ければ丸型（輪から房が垂れたもの）と、横型（ゴボウジメから藁束が垂れたもの）の二種類。藁が青かったので青刈りかと思ったが、ところどころに「ミゴ」（お米を脱穀した部分）も見える。

「これは青刈りですか？　それとも脱穀後の藁ですか？」という私の問いに、店主は「お米をとることが大事だから、収穫後の藁にこだわって作っている」と言った。その即答ぶりに信念を感じる。

「うちは一五〇年くらい前からしめかざりを作っている。発端は、力士になろうと江戸へ出た祖先が、結局力士にはなれずに戻ってきたこと。そこで、江戸で見たしめ縄をうちでも作ろうということになった」

力士？　江戸？　岐阜のしめかざりの由来で、そんなことがあるの？

「飛騨は昔から、名古屋などを経由しないで直に東京のものが入ってくるんだ」。店主の言葉を裏付けるように、このあと立ち寄った高山市郷土館の展示解説でも、都（江戸・京都）との交流がさかんだったことが強調されていた。

そんな店主のしめかざりも、一五〇年前から全く同じだったわけではない。

「こんなに飾り物（海老などの装飾）を付けるようになったのは高度経済成長の頃。それまでは御幣《ごへい》だけだったよ。皆、派手なものを好み始めた。外国製もたくさん入って来てるしね」

**上**｜宮川沿いのしめかざり露店。店主が力士の話をしてくれた。ゴボウジメは左綯いで左モト
**下**｜ドライフラワーの仏花。すべて少しずつ表情が違う。藁で巻いてあると暖かそう
**左頁**｜翌日の宮川沿い。吹雪で町の雰囲気が一変した。寒さの中、花餅の明るさに救われる

宮川朝市

華やかな装飾のほうが売れる、という話は各地でよく聞く。「それから、この丸型は玄関用、横型は神棚用。でも最近は、横型を玄関に飾る人も増えたね」

私は、陳列台の端に並ぶブーケのような花も気になっていた。「それは飛騨地方特有の『仏花』。花瓶に水を入れておくと寒さで花瓶が割れるから、水を使わなくて済むようにドライフラワーで作るようになったんだ」

小花のドライフラワーに松を添えて、根元を藁で巻いている。色が鮮やかなので、てっきり生花だと思っていた。よく見ると、あちらこちらの露店で売っている。ドライフラワーの仏花は、この土地に根付いているようだ。

あたりはもう薄暗い。花瓶が割れるほどの寒さを想像しながら、予約していた駅前のビジネスホテルに向かった。

### 飛騨の花餅

翌二十九日。早朝にチェックアウトをする。雪まじりの風が冷たい。まずは、「朝市」を目的に高山陣屋を再訪する。陣屋の門の前にはＴＶクルーが数名いて、「煤払い」の行事を撮影しているところだった。

三メートル近い竹の先に、瑞々《みずみず》しい笹の葉をくくりつけた箒で、二人の男性が門の煤を払っている。実際に煤を払うのではなく、儀式的な所作だろう。頭上高く掲げた箒はバランスをとるのが難しそうで、（失礼ながら）曲芸の皿回しのようだ。心のなかで「ガンバッテ」とつぶやく。

さて朝市。その景色は昨日から一変し、雪に覆われた白い露店が並んでいる。風は緩急をつけて吹き、店主も客もちぢこまっている。店に並ぶしめかざりは当然ながら昨日と同じもの。しかし今日は、いくつもの露店で「花餅」が競うように並んでいた。

飛騨の「花餅」は、木の枝に小さく点々と紅白の餅を付けたもので、花の少ない雪国の正月を彩るものとして売られている。他の地方では「餅花」とよばれるような風習だが、それらとは一つ大きな違いがある。

一般的な「餅花」は、枝に餅を付けたあと、その枝をどこか（神棚や大黒柱など）に挿したり、くくりつけたりする。しかし飛騨の「花餅」は木の切り株から出た枝に餅を付けるので、「自立する」のが特徴だ。吹雪の中で踏ん張る花餅は、健気に春を告げていた。

飛騨の「花餅」

## 朝市の答え合わせ

今日の目的は朝市だけではない。これから「飛騨の里」へ向かう。そこは、飛騨各地から移築・復元した古民家が三十棟以上集められた屋外博物館。正月になるとその古民家すべてに、手作りのしめかざりを飾るという。冷え切った体を避難させるように、「飛騨の里」行きのバスに飛び乗る。しかし暖かいと思ったのも束の間、外の雪は強さを増し、車内もどんどん冷えてきた。あまりの吹雪に、このまま帰ろうか……と思い始めた頃、バスは目的地に到着。私は覚悟して、吹雪の「里」に足を踏み入れた。

すると突然、視界いっぱいに「江戸時代の里山」が現れた。積雪によって人工的なものが覆い隠され、雪から覗くのは茅葺きの家と木立だけ。人の気配もない。この完璧な風景の中では、現代人である私のほうが異質な存在だ。寒さも忘れ、しばし見入ってから、しめかざりを求めて里の中を歩き出した。

点在している古民家を一つひとつ訪ね歩く。戸をたたけば、着物姿の沢口靖子が出てきそうな風情。古民家の軒下や作業小屋の入口には、脱穀後の藁で作られた素朴なしめかざりが飾られている。そのかたちは輪から房の垂れたものが多いが、馬屋《まや》にはタテ型のゴボウジメが掛かっていた。どれも装飾は御幣のみ。昨日の店主が言っていた通りだ。

古民家のひとつに入ってみると、板間の隅にあの「花餅」が飾られていた。うす暗い室内を灯すようで、心がほころぶ。しめかざりも花餅も、「実用」の道具ではないけれど、心に直接「作用」してくる。そんなことを思って外に出ると、木の枝に点々と積もった雪さえ「花餅」に見えてくる。

「飛騨の里」の敷地は広く、全てを見て回ったわけではないが、もう体が限界だ。芯の芯まで冷えてしまった。ここまでくると、気持ちはもう「江戸時代の旅人」。私は藁で作った雪ぐつを履き、蓑を着て、真っ白な里をしみじみと味わっている。

ようやく「休憩所」と書かれた古民家を見つけ、やれやれと戸を開けると……そこは極彩色だった！　狭い室内に色とりどりのダウンジャケットを着た十五人ほどの客がひしめき合っている。里には誰もいないと思っていたが、皆、寒さに耐えかねてここに避難していたのだ。

着ていた蓑も雪ぐつも消え、私の「タイムスリップ」は突然終了した。

左右頁ともに「飛騨の里」

二〇〇六年十二月三十日――滋賀県大津市

# 「ミさん」に守られた、大津のしめかざり

前回の「高山探訪」の翌日、私は滋賀県長浜市に来ていた。当時の私はまだまだ全国のしめかざりの全体像が見えておらず、白地図の「県」を塗りつぶすように旅をしていた。スタンプラリーと言われてもしかたがない。

## スタートは空回り

十二月三十日、早朝。長浜駅前のビジネスホテルを出て、私は最初の一歩に悩んでいた。予定通り商店街に向かうか、初めての琵琶湖を見に行くか。あまり時間はなかったが、たしか湖までは徒歩圏内だったはず。何かの感動を期待して、エイヤッと湖に向かってみた。

着いた瞬間、「やってしまった!」と思った。初めて見る琵琶湖は、朝日に光る湖面と広い空が美しかったが、その時の私には「それだけ」だった。頭の中は、早くしめかざりを探さねばという焦りが増し、琵琶湖については入る余地がな

かった。やはり探訪と観光は切り離さねばならない。

琵琶湖に詫び、雪残る住宅街を長浜駅まで駆け戻る。駅に着いて「さあ、ここから！」と歩き出したが、露店は見つからなかった。人通りも少なく、寒く、寂しい雰囲気。どうにかスーパーでしめかざりを見つけたが、高山と似ている印象だった。

長浜ではうまくしめかざりに出会えなかったので、彦根に移動してみた。北陸本線新快速で約二十分、一九〇円。ここからだ、と再び意気込んだが、彦根でも露店は見つからなかった。スーパーや花屋、雑貨店で、ビニールパックのしめかざりを見かけたが、形は長浜と全く同じだった。仕入先が同じなのかもしれない。

年末なのに、商店街の人出は少ない。空は暗くなり、粉雪が舞い始める。全てが心細い。せっかく高山から三時間半もかけてここまで来たのに、「露店」にも「作り手」にも出会えず帰るのか。私は琵琶湖周辺の路線図を取り出し、「どこだ、どこだ、どこだ」と駅名を目でなぞる。今からどこへ行けばいい……。

よし、大津へ行こう！　大津といえば東海道の宿場町。旅人がこぞって購入したという土産物の「大津絵」で有名だ。そんな昔の賑わいだけを頼りに、大津行

**上**｜彦根の商店にて。しめかざりの奥に陳列された手押し車の数から、町の年齢層がわかる
**下**｜彦根の花屋にて。三社、五社はしめ縄から垂れた藁束の数。神棚の大きさで使い分ける
**右頁**｜彦根では多くがこの形だった。写真は右モトだが、左モトのものも多かった

きを決めた。ここから一時間くらいかかるだろうか。朝の不用意な琵琶湖詣でを後悔する。

## 蛇のしめかざりと出会う

ＪＲ琵琶湖線で大津に到着したが、もう夕方で薄暗い。完全に予定外の土地なので下調べなし。こういう時は商店街、アーケード街を探すに限る。人通りのないところに露店は立たない。街なかを歩くと、すでにしめかざりを飾っている住宅や商店も多かった。かたちは京都風、彦根風など混在している。

駅からあてもなく徒歩十分、ついにアーケード街で露店を発見した。細い木材を組んだ仮設の店には、一人のおばあさんが立っている。やった！　はやる心を抑えてゆっくりと近づき、こんにちはと挨拶して、しめかざりを見る。

おばあさんは親しみのある笑顔で「もう良いのは売れちゃったよ。もっと早く来ればよかったねえ」と残念そうに言った。おばあさんの言う「良いの」とは、二匹の蛇が合体した形のしめかざりのこと。いま店に残っているのは、一匹の蛇を象ったものだ。左綯いの藁縄で、ぐるぐると「トグロ」を巻き、そのトグロから三本の藁束が垂れている。

トグロの上にピンと飛び出している藁束が蛇の「頭」で、トグロの巻き終わり（藁の先端部分。写真では稲穂で隠れている）が「尾」だという。私はここで、はたと気づいた。蛇には「頭」と「尾」がある。藁にも「モト（根元）」と「ウラ（先端）」がある。そう考えると、蛇の「頭」を藁の「モト」で作るのは造形的に美しいからだけではなく、道理にもかなっている（樹木にも、河川にも、鳥の羽にも、人間の産毛にも、全て「根元部分」と「成長部分」がある。この世の自然物で、両端が全く同じものなどあるのかしら……。調べたくなってきた）。

大津でおばあさんから購入したものを自宅で撮影。橙や裏白などの装飾は、細部を見るために外してある。渦になっている部分がトグロ。その上から飛び出ているのが蛇の頭。下に垂れた藁束が足だという

**上・右頁**｜大津のアーケード街にて。しめかざり露店とおばあさん。「もう良いのは売れちゃったよ」

## 玄関では戦闘態勢、神棚ではのんびり

そして、おばあさん曰くトグロから垂れた三束の藁は、蛇の「足」だという。蛇に足があるのは面白い。そこで思い出すのは、各地に残る「歳神は一本足」という説話だ。蛇の信仰に詳しい吉野裕子氏は自著『蛇』（講談社学術文庫 2012）の中で、一本足の歳神とは「蛇」のことではないかと考察している。「蛇の腹から尾にかけての身体全体を一つの足と見なして」とある。

ちなみに、おばあさんの露店でも一文字のしめ縄が売られている。「このしめ縄は、蛇が背中を干しているところ。神棚用よ」

なんと、背中を干しているのですか。爬虫類学的には、トグロは蛇にとって「敵に対応する姿」であり、無防備な時はトグロを巻いていないという（前掲書より）。それをおばあさんのしめかざりに当てはめて「妄想」してみると、玄関ではトグロを巻いた蛇が邪気から家を守り、神棚ではのんびり背中を干している姿が浮かぶ。庶民が生活のなかで生み出してきた「物語」は、時にファンタジックで、時に科学的。偶然かもしれないけれど、偶然ではないかもしれない。

装飾にも目を向けてみる。おばあさんのしめかざりには、橙、裏白、譲葉、稲穂が付いている。ちょっと珍しいと思ったのは、裏白が「三枚重ね」になってい

ること。他でよく見るのは「二枚重ね」だ。「裏白が三枚なのは、奇数だと縁起が良いから。毎年山から採ってくるのよ。それから、トグロに付いている稲穂は『一年中ほほえむ』という意味なの」

たしかに、しめかざりの造形では奇数を重んじることが多い。だから「七五三縄（しめなわ）」と表記することもある。とはいえ、土地によって理由はさまざま。作り手さんの中には、「裏白があまり採れなくなったから、節約のために一枚だけにしている」という方も少なくない。裏白や譲葉、橙などは栽培する業者が減ったという話もよく聞く。私が十代の頃は東京の八百屋でも橙を売っていたが、今では年末になっても見なくなった。

それにしても、稲穂が「ほほえむ」だなんて。お穂穂穂穂。

## しめかざりの語りべ

おばあさんは七十五歳。生まれてからずっと大津で暮らしている。しめかざり作りは江戸の頃から続いていて、自分で四代目。「白い蛇は神様だと聞いて育ったの。だからしめ縄は畳（座敷）の上で綯うの。土の上で綯うなんて神様に失礼だから。

もし、ミさん（蛇）の夢を見たら三日から四日は喋っちゃだめ。福が逃げるからね。それに、ミさんをくぐるとお金に苦労しないというから、しめ縄で蛇を作るのよ」

おばあさんの「ミさん」という呼び方が心地よい。代々そのように呼び、親しみ、大切にしてきたことがわかる。蛇は、種類にもよるが数週間おきに脱皮するそうだ。常に生まれ変わっている。先人たちは、山や田んぼでその驚異を目の当たりにし、畏敬の念を抱いてきたのだろう。

おばあさんの作るしめかざりは、つやのある美しい藁だった。「藁は自分の田んぼで育てたモチ米の藁。うるち米の藁だと固くて綯いにくいからね。刈り取った藁は乾燥させて、十月半ばからそぐる（ハカマを取る）の。十一月の大安の日にご祈祷してもらって、やっと綯い始め」

こんなに手間をかけて作るしめかざり。継ぎ手はいるのだろうか。

「しめかざりを継ぐ人はいない。もう私でおしまい」

きっぱりと言われたので、なぜ、と聞けなかった。

「でもね、最近はしめかざりを飾る理由を知らない人が多くて、お客さんにもよく聞かれるから教えてあげるの。こういう文化は、親がやっていたら子どももやるようになるでしょう。そうやって繋がっていくの」

これまで、多くのお客さんに「ミさん」の話もしてきたのだろう。自分の「技術」は消えても、「物語」だけは残したいという思いを感じる。おばあさんが伝えているのは、「しめかざり文化」というよりも、「自然とともに生きること」の話だったから。

二〇一八年七月十五日——島根県飯石郡飯南町

# 出雲大社の大しめ縄製作「大撚《おおよ》り合わせ」行事

## 六年ぶりの掛け替え

二〇一八年、初夏のある日のこと。しめかざりの関連会社に勤務するAさんから、出雲大社のしめ縄が六年ぶりに掛け替えられるという情報を得た。あの有名な出雲大社神楽殿の「大しめ縄」だ。全長約十三メートル、重さ約五トンで日本最大級。まず私が思ったのは、「そうか、あの巨大なしめ縄は毎年作り替えるわけではないのか」ということ。その準備や労力を考えれば当然なのだが、個人宅のしめかざりを主に見てきた私には新鮮だった。

Aさんによると、その大しめ縄製作の最終工程である「大撚り合わせ」という行事を見学できるらしい。製作場所は出雲大社ではなく、飯南町という山の中。調べてみるとアクセスがかなり悪く、公共交通機関では難しそうだ。しかしこれを逃せば次はまた数年後だと思い、行くことを決めた。

というわけで、今回は「しめかざり探訪記・番外編」として、出雲大社の大しめ縄製作をレポートしてみる。一般家庭のしめかざりと何が違うのか、または同じなのか？

## 早朝の山を走る

七月十五日快晴。松江に前日入りしていた私は、結局Aさんの車に乗せてもらい、飯南町へ向かった。市街をあとにして、早朝の車はぐんぐん山の中へ入って行く。しばらくすると眼下に田んぼも広がってきた。田んぼの青と、山の青と、空の青。家に残した仕事のことが、さらさらと頭から消えていく。このアクセスの悪さは、到着までに心を無にするための「しかけ」ともいえる。

さて、前提講義をしておこう。出雲大社の大しめ縄を掛け替えることを「掛け替え神事」と呼び、数年に一度行われる。今回は七月十七日だ。しかし、掛け替える前に、肝心の大しめ縄を製作しておかねばならない。その製作準備は田植えから考えれば一年以上、実作業だけでも四か月ほど費やす。その最終段階にあるのがこの「大撚り合わせ」。私はいま、この行事に向かっている。

**右頁上**｜出雲大社神楽殿。この大しめ縄を製作する行事を「大撚り合わせ」という
**右頁下**｜飯南町、山の中の田んぼ。稲の緑が濃くて瑞々しい
**上**｜飯南町大しめなわ創作館の館内。準備された藁束がビニールシートに包まれて横たわる。想像以上の大きさだった！
**下**｜飯南町大しめなわ創作館

## 製作現場の藁束二本

一時間半ほど走り、車が止まった。山の中に突然、ひらけた土地と体育館並みの大きな建物が現れる。ここは「飯南町大しめなわ創作館」。大しめ縄の製作場所だ。昔は中学校の体育館で製作をしていたが、四年前に専用の場所として建設された。

建物の中がどうなっているのか、全く想像しないで足を踏み入れた（むしろ想像ができなかった）。入って、驚いた。ブルーシートをかけられた巨大な藁束二本が、どっしりと空間を埋めている。本来は広い場所なのだろうが、そうとは思えないほど圧迫感があった。

「大撚り合わせ」という作業は、この巨大な藁束二本に「撚り」をかけて、「しめ縄」にしていくことを言う。「撚り」とは簡単に言えば「よじる・ねじる」ことだ。ティッシュで作った「こより」をイメージすればわかる。ティッシュなら指先で撚ることが出来るが、大しめ縄となると広い場所が必要だ。

まず、この二本を屋外に移動させる。藁束の下に細長い円柱を何本も入れ、その上を滑らせていくという原始的な方法だ。はじめて屋外に出してもらった大きな二本は、深呼吸でもしているかのように開放感にあふれていた。

人々の手でブルーシートがめくられていく。すると、なんとも美しい「コモ」が現れた。コモは、藁で編んだゴザのようなもの。今回のコモは、平面にすると長さ16メートル、幅3.6メートルの大きな長方形になる。その中に大量の「中芯」(=藁束)を詰めて、くるんだものを二束つくる。

## 「コモ」に「シメノコ」そして「モト」

今回の大しめ縄に使われる藁は、単一品種のものではない。製作する部位によって、稲の品種を変えている。

例えば、「中芯」は脱穀したあとのコシヒカリやアカホモチの藁。脱穀後の藁はかたく、芯材に適している。「コモ」は表面に現れる部分なので、青刈りした美しく長いアカホモチの藁。そしてしめ縄から垂れ下がる「シメノコ」はカメジの藁。それぞれ、稲の特性を生かして使い分ける。

カメジという品種名は、島根県で農業の神様とされる「広田亀治」からきている。米の不作に困窮する農民のために、新品種の開発に挑んだ人だ。そして長年の研究からやっと生まれた理想的な稲を、地元の人は「亀治米」と呼んだ。カメジの藁には、土地の記憶を人に繋げるという大事な役目がある。

**右頁**｜素手で釘を持っているのが棟梁
**上**｜藁束を覆う「コモ」
**左**｜大しめ縄に差し込むシメノコ
**下**｜大しめ縄のモトは２つ。太いので三ツ縄（３束で綯う）にはしない

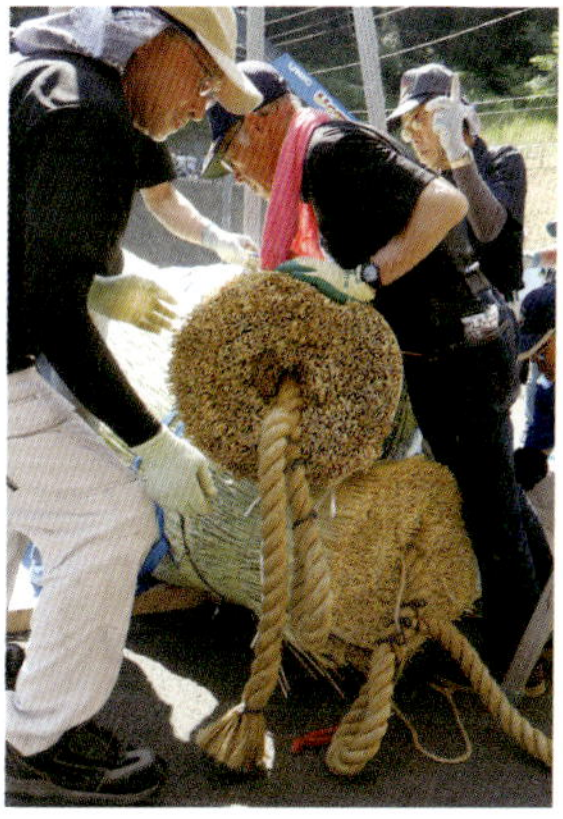

屋外に出した巨大な藁束は、「モト」（根元）を二本重ね合わせ、太い釘を刺して固定する。こんなにも大きなしめ縄なのに、刺す釘は一本だけ。

棟梁は慎重に、太釘を打つ一点を見極めようとしている。私が「どのように場所を探すのですか？」と聞くと、棟梁は「感覚だ」という。一度刺したらやり直しはできない。棟梁はしばらく藁束を観察し、「ここ」と言った。そのあとはもう躊躇なく、その一点に釘を立て、木槌で叩く。簡単には入らない。何度も叩いてやっと釘が全て刺さると、紐のようなものを何重にも巻きつけて、根元をガチガチに固定する。なんと、ここまで一時間を要した。どれだけ大しめ縄の根元の固定が重要か、そして慎重に作業しているかがわかる。

## 「みようみまねだよ」と棟梁

根元が固まり、やっと「大撚り合わせ」が始まる。ここからはクレーンが登場。まずはクレーンで藁束の一本を持ち上げ、もう片方の地面に着いている藁束は、十人から十五人ほどの人力で前方に転がし、「撚り」をかける。かなり力の要る作業だ。人々の「撚り」をかける力が最大に達すると、棟梁はすかさず「そのままキープ！」と叫び、押し手達から「えええ～～！」と悲痛な声があがる。その間にクレーンの藁束がゆっくりと降りて来て、「撚り合わせ」が一つできた。これを繰り返すことで「縄」になってゆく。

正直なところ私は、この規模のしめ縄は全てクレーン作業なのだろうと思っていた。しかし棟梁の「『撚り』の部分は人じゃないとできないね」という言葉に嬉しくなる。どんなに大きなしめ縄になろうとも、やはり人の力が必要なのだ。よく考えればクレーンだって人が動かしている。棟梁と息を合わせるのも大変なことだろう。

ちなみにクレーンのない時代はどうしていたのか。実は神楽殿の大しめ縄は一九八一年に奉納されたのが最初。意外と歴史は浅いが、しめ縄に必要なのは歴史ではなく、そこに「掛けたい」という気持ちだ。

この一発勝負の「大撚り合わせ」は、日陰のない炎天下（七月なのに気温35度！）の中、なんと五時間もかけて「ゆっくり」と行われた。それは、慎重に慎重を重ねても足りないほどの慎重さで作業しているからだ。

実は、棟梁は元運送屋さんで、この大しめ縄を「運ぶ」側だった。定年後、頼まれて棟梁になったが、製作方法はほとんど教わっていないと言うから驚く。

「運送屋時代から見てきたから、作り方はなんとなくわかる。みようみまねだよ」

クレーンで持ち上げている間に、下の藁束を大勢の人が転がすようにして「撚り」をかける

藁束の先端には縄が結んであり、それを引っ張る役目の人もいる

私はこの「みようみまね」という言葉は、物事が継承されていく魔法の言葉だと思っている。例えば、一ミリも隙のない設計図を渡されたら、それを遂行するしかない。けれど曖昧ならば、試行錯誤する過程でそれが「自分ごと」になっていく。より良くしようとワクワクしたり、苦悩したり、それが楽しい。

けれど、棟梁も後継者には困っているそうだ。若手に繋がらないという悩みはどこも同じ。最近ではこの大しめなわ創作館に、他県の高齢の氏子さんから困り果てた声で電話がくるという。地元にしめ縄の作り手がいなくなってしまったから、代わりに作って欲しいという依頼だ。これまでは地域の仲間たちと作っていたが、皆高齢になってしまった。それでもどうにか奉納したい。こんな気持ちを抱え、密かに胸を痛めている氏子さんが日本中にいると思う。私も各地を歩く中で、外すに外せなくなっている古びたしめ縄をたくさん見てきた。静かに主張するそのしめ縄から、作り手の無念が滲み出ているようで、私などは少し怖くなるのだった。

長く暑い一日が終わった。朝に見た巨大な藁束二本は、五時間以上をかけて無事に一本の「縄」となった。まるで蛇の交尾のように互いに巻きつき、新しい命のかたちが生まれた。

炎天下でビデオカメラを回し続けた私はもうヘロヘロだ。大撚り合わせに参加していたAさんの腕も、日焼けで痛そうに焦げていた。

帰りも車に乗せてもらい、今日一日をぼんやり振り返る。「大撚り合わせ」で特に印象に残ったことは三つ。一、あんなに大きなしめ縄でも、「みようみまね」で継承されていること。二、機械だけでなく必ず人の力が必要だということ。三、後継者に困っていること。

ん？　それならば、「家」のしめかざりと状況は同じだ。全く別世界だと思っていた「神社の大しめ縄」だったが、それを作る「人」は、同じ部分で楽しみ、悩んでいた。

今日完成させた大しめ縄は明後日、出雲大社の神楽殿へ奉納（設置）される。そして、役目を終えた古いほうの大しめ縄は、山へ運ばれ土に還る。山の名は、あえて聞かなかった。

UNIC

二〇二三年十二月二十五日——広島県庄原市東城町

# 商家のしめかざりを追いかけて

東城町《とうじょうちょう》を訪れるのは、今回が二度目となる。十五年前に一人で「探訪」したが、近年になって新しい情報を入手したため、再訪することにした。

どうやら東城町には「商家」に伝わるしめかざりがあるらしい。ところがその名称は「ぼったくり」だという。商家にぼったくりとは、あんまりな……。きっと訳があるに違いない。十五年前と同じ、ＪＲ芸備線で東城駅に向かった。

**商業の町**

東城駅から徒歩十分ほどのところに出雲大社の分院である出雲大社東城教会はある。こちらで分院長の横山和明さんとお会いすることになっていた。

出迎えてくださった横山さんは、真っ白な着物に黒の羽織と袴で、その凛とした姿に私は一瞬で緊張してしまう。けれど温かいお茶とともに、横山さんは優しい物腰で東城の町や「ぼったくり」について教えてくれた。

「かつて東城は、大変栄えていた町なのです。古くから交通、物流の要衝で、商人や職人も多くいました。けれど『商家は三代続かない』と言われるほど商売というものは難しくて、『続くこと』への願いが強いのです。なので、商家に伝わる正月飾りが生まれたのかもしれません」

たしかに、東城の町には「七胡《ななえびす》」と称して、あちらこちらに商売の神である胡神社がある（実際には七か所以上）。庄原市が作成した広報誌によると、東城の胡信仰は、商業と交易が盛んになった元禄時代前後に起源があると考えられている。

「ぼったくり自体の起源はわかりませんが、私が知る限り、昔は十三軒くらいの商家が飾っていました。例えば材木屋、米屋、酒屋。お飾りの材料はすべて店側が用意しておき、私が各店を回って飾りつけていくのです。その材料とは、しめ縄を三本、橙、裏白、スルメ、昆布など。実は店によって用意している装飾が違うので、『ぼったくり』といっても、その造形は少しずつ異なるのです」

かつてあった十三軒の店も時代の波によって消えてゆき、現在「ぼったくり」を飾る商家は、東城の老舗和菓子店「竹屋饅頭本舗」のみ。今日はこれから、その竹屋饅頭本舗にて飾りつけをするとのことで、同行させていただいた。

**上**｜分院長の横山さん
**左**｜橙に麻紐を通し、わらしべを結ぶ。
橙のお座布団のよう

竹屋饅頭本舗にて。左から横山さん、女将の和江さん、お孫さん、当主の谷さん

## 竹屋饅頭本舗

店は東城のメインストリートに構えている。文久元年（一八六一）創業の落ち着いた雰囲気の店舗に入ると、当主の谷壯一郎さんと女将の和江さんが、「お待ちしておりました！」と明るく出迎えてくれた。女将の赤いセーターには主力商品の「竹屋饅頭」を模した小さなバッジが付いていて、ご挨拶する前から、その可愛らしさに目が釘付けとなった。

さっそく当主と横山さんは、店舗レジの奥にある座敷に上がり、慣れたふうに打ち合わせを始める。「今年はこれこれね。そうそう、あれもね」。重厚な座卓の上には、用意しておいた材料が並んでいる。少し太めのしめ縄三本、橙、裏白、ホンダワラ、スルメ、掛けイワシ、麻紐。紙垂《しで》は分院長がその場で切る。

通常はすべての造作を分院長一人でおこなうそうだが、当主とは長い付き合いなので時には手を借りつつ、二人で楽しそうに進めているのが印象的だった。

些細なことだが、私が面白いと思ったのは「橙」の留めかた。橙の中を通した麻紐に、わらしべ二本を結びつけて留め具のようにしている（写真参照）。そもそも橙は落ちやすく、「落ちると縁起が悪い」ので、各地で作り手の創意工夫が見られる楽しい箇所だ。今回のような方法は初めて知った。

そして昆布にスルメや掛けイワシを付け、すべての装飾の準備が整った。満を持して、座敷の神棚に「ぼったくり」を飾る。

当主が脚立を用意し、分院長が登る。まずは神棚の前に備え付けた棒（以前は竹）に、しめ縄三本を波のように湾曲させて固定する。そこへ先ほど準備した装飾を少しずつ結び付け、バランスを見ながら何度もやり直す。両腕を上げながらの作業が続くので、なかなかの重労働だ。昔はこれを一日に何店舗もおこなっていた。

小一時間ほど経っただろうか。やっと完成し、横山さんに「今年の出来はいかがですか？」と聞いてみた。すると笑みを浮かべて「私は毎年、自画自賛だから。すべてが完璧じゃなくていいんです。その年々の『ぼったくり』になればいい」

そこへ女将が弾んだ声で言った。「今年も無事に飾ることができました！　ありがとうございます。ぼったくりを飾ると、心が奮い立ちます。来年も良いものを作らねばと思います」

**ぼったくりとは**

結局「ぼったくり」とはどういう意味なのか、横山さんに尋ねた。「『ぼったく

竹屋饅頭本舗の「ぼったくり」

り』とは、東城では『追っかける』を意味する方言なのです」

たしかに、神棚に飾られた波のような造形は、「追いかけている」ように見える。「昔は鬼ごっこで、ものすごく追いかけられた時に『ぼったくられた〜』と言いましたよ。けれど、もう若い人には伝わらない言葉です。今の人はおじいさん、おばあさんと一緒に住まないでしょう。だから継承されないのですね」

方言とともに文化も消えていく……と思っていたら、どうやら人も減っているらしい。「東城の町なかの人口は意外と変わりません。でも町の周辺（農家）の人口が激減しています。昔は田んぼだらけでしたが、今はしめ縄の作り手にも困っています」

そこへ女将も「皆でどうにかやってきたものが、どうにもできないのです。今まで使用してきた立派な昆布でさえ、来年も仕入れてもらえるかどうか、わかりません」

危機的な状況にあることは間違いない。けれど不思議なことに、女将がいるだけでこの場が明るく、希望に満ちてくる。女将はもともと広島県の呉で育った。こちらに嫁入りしてから東城に伝わる風習の多さや奥深さに驚き、熱心に学んできたという。お姑さんに聞いてわからないことは、隣の家のおじいさんに聞きに行くほどだった。そんな女将がこう言うのだ。

「でも、コロナがあっても、何があっても、『ぼったくり』を飾らなかった年は一度もないわね！」

ならば今後も、飾らない年など来ないのではないでしょうか！　私まで明るく、そんなことを思ってしまうほど、女将の声は力強かった。

すっかり日も暮れ、外はかなり寒い。皆さんにお礼を言い、東城駅へ戻る。これから一時間近く、無人の待合室で電車を待たねばならない。暖房はなく、気温はマイナス一度。私は凍えそうだったが、やけに元気な電飾が入り口に掛けてある。そうか、今日はクリスマスだった。

**上**｜東城の町なかに点在する「七胡」の一つ
**右頁**｜舟運を支えていた東城川

二〇〇八年から二〇二三年——広島県庄原市東城町

# だれもが訪れる場所

私が「ぼったくり」と出会えたのは、東城に住む神田のりこさんの尽力のおかげだ。神田さんとは十五年前（二〇〇八年）の東城探訪の際に知り合い、たまたま同い年ということもあって、これまで縁を繋げてきた。今回、神田さんと再会できることも楽しみのひとつだった。

## 十五年という歳月

神田さんの実家は「はら商店」というお店を営んでいた。以前伺ったときは、数百個ものしめかざりを詰めたダンボールが、所狭しと置かれていたのを覚えている。そこには種類豊富な野菜と、日用雑貨も並んでいた。

さあ、十五年ぶりに神田さんと会える！　久しぶりなのに、道にも迷わず着いた。建物は変わっていなかったが、なにか雰囲気が違うような……？　恐る恐る中に入ると、のりこさんと旦那さんが笑顔で迎えてくれた。ホッとして、ひとしきり懐かし合い、旦那さんとご挨拶し、やっと落ち着く。

私が何の気なしに「雰囲気が変わりましたね」と言うと、「そう、日用雑貨は今も販売していますが、野菜市場はやめたんです。野菜を作る人が減ってしまって。昔は列車で野菜を背負ってくる農家さんもいたけれど、高齢化が進んだから。うちの店も母が他界して、いまは旦那が継いでいます」

なるほど、ここでも高齢化問題。次の質問をするのが怖くなる。

「それで、今年のしめかざりは、どんな感じですか」

「それが、最近は受注生産なんです。今入荷しているのは五個かな」

五個⁉ のりこさんが奥から出してくれたダンボールの側面に、太いマジックで中身が書いてある。「しめ縄（中）三個、（小）三個、輪〆一個」

「以前森さんが来てくれた時は、複数の農家さんに作ってもらっていて、一人が二百個ほど納品してくれたんです。だから店にもたくさん並んでいたでしょう。でも今はしめかざりを欲しいと言うお客さん自体が減ってしまって、注文するのは七十、八十歳代の人ばかり。彼らが注文しなくなったら、飾る人はいなくなるかもしれません」

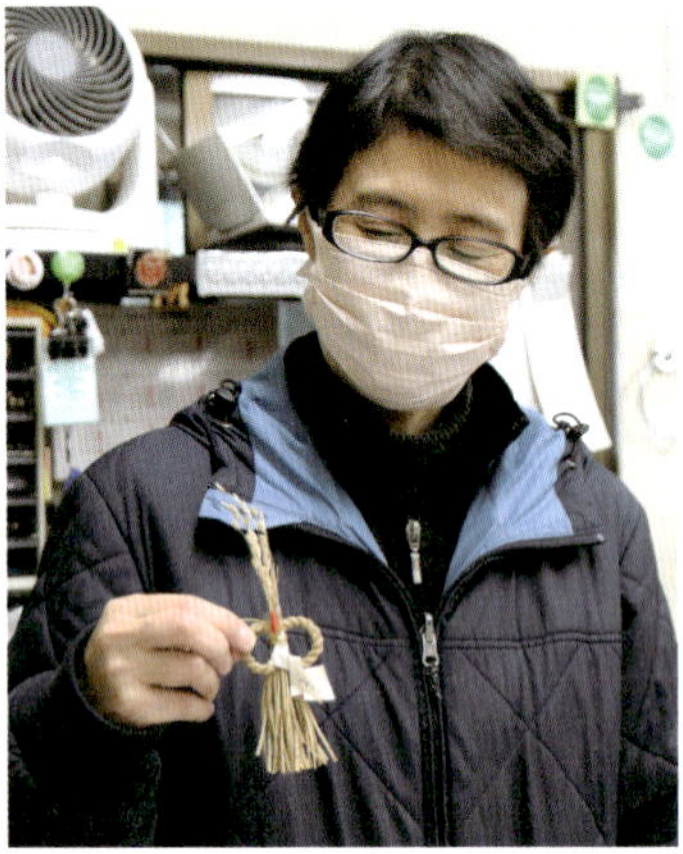

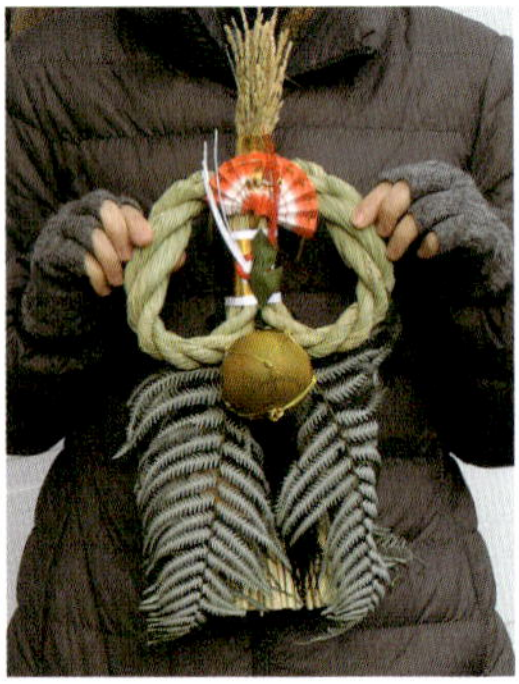

**上**｜のりこさん。昔だれかにもらった自転車用のしめかざりを、気に入って大切にしている。
**右**｜はら商店で販売しているメガネ型

店内にある駄菓子コーナー。すぐ横にソファーがある

2008年当時のはら商店。お母さま、のりこさん、お子さんたち

この十五年で、状況がまったく変わってしまったことを理解した。本当は自分用に輪〆を購入したかったが、箱の中には一つしかない。

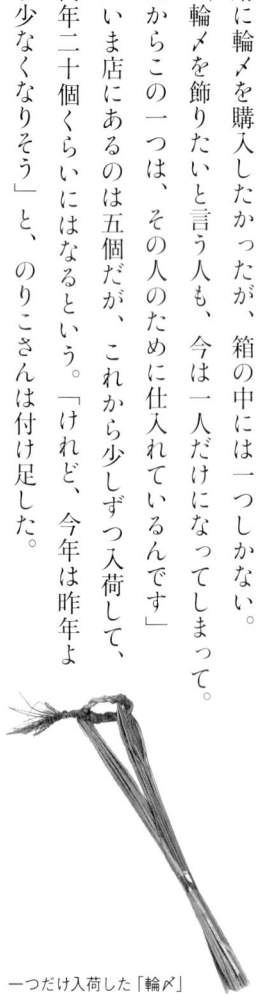

「輪〆を飾りたいと言う人も、今は一人だけになってしまって。だからこの一つは、その人のために仕入れているんです」

いま店にあるのは五個だが、これから少しずつ入荷して、例年二十個くらいにはなるという。「けれど、今年は昨年より少なくなりそう」と、のりこさんは付け足した。

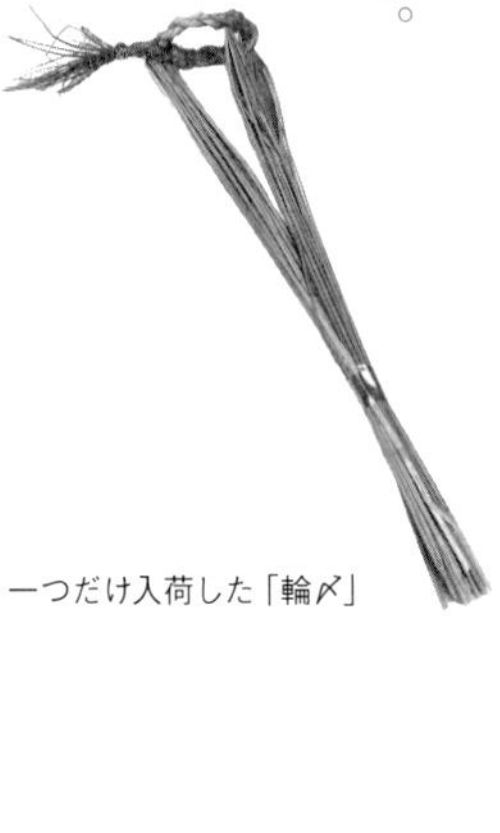

一つだけ入荷した「輪〆」

**農業祭で目覚める**

のりこさんは「しめかざり好き」だ。しめかざりとの最初の出会いは小学生のころ。東城町恒例の「農業祭（秋祭り）」に、しめかざり作りのコーナーがあった。のりこさんも挑戦してみたが、その時は指導者のおじさんに手伝ってもらったので、自分で完成させた感じがしなかった。そこで二年目も挑戦してみたが、なんだか全体のバランスが良くないと思い、モヤモヤして終わる。その結果、農業祭のたびにリベンジする小学生となった。

そんな記憶を持つ人が町にたくさんいれば、正月の風景も変わりそう。けれど現在の農業祭に、しめかざりコーナーはないそうだ。藁や作り手の問題というより、そもそも需要がないのかもしれない。

## だれもが訪れる場所

「はら商店」には、天井に届きそうなほど食品や雑貨が並んでいる。そんな中で、ひときわ目を引くのがレジ横のカラフルな駄菓子たち。かなり安い。

「今の子は五十円玉をにぎって楽しめるところがないよね、と旦那と話したの。だからこの店に来てもらって、その子たちが大きくなったときに、はら商店の『思い出話』をしてくれたらいいなと思って」

そんな駄菓子の横には、「誰でも座ってください」と言わんばかりの小さなソファーが置かれている。きっと地元のおばあさんも休憩に来るのだろう。

お店の中は、さまざまなお客さんとともに、醤油も石けんも子どもたちも先代のお母さまも、農業祭の思い出さえも混ざり合って、とても居心地がよかった。こんな時空に、トシガミはひょいと現れるのかもしれない。

# 第二章　農家の米と藁

二〇一七年から二〇二四年――宮城県伊具郡丸森町

# 荒川家の「門飾り」と農家の生活

荒川美津三さんとの出会いは二〇一七年。私が浅草の「かまわぬ」という手ぬぐい専門店のギャラリーで開催していた「しめかざり展」の会場でした。当時八十八歳の荒川さんは、若手の藁細工仲間を二人連れています。そのお仲間の一人が、少し興奮気味に教えてくれました。

「師匠（荒川さん）は、森さんの絵本（『しめかざり』福音館書店）に出ていた、広島の鳥居型の正月飾りを見て、自分の出身地の宮城県で戦前に作っていた『門飾り』を思い出したんです。それで今年、数十年ぶりに作ったんです！」

三人の紅潮した顔から、これはすごいことが行われたのだなと思いました。（現在荒川さんは神奈川県にお住まいなので、県内の神社の境内をお借りして設置したそうです。）

この出会いから現在に至るまで、私が折にふれて荒川さんのご自宅を訪ね、昔の農家のお話を伺っています。

荒川さんは宮城県丸森町出身で、昭和四年（一九二九）生まれ。現在九十五歳です。立派な茅葺き屋根を持つ大きな農家で、八人きょうだいの五男でした。家族以外に「てまどりさん」（お手伝いさん）と「ご飯炊き」が一人ずついて、十数人で暮らしていたそうです。

荒川さんのお話はとてもわかりやすく、柔らかい話し方なので、以下は荒川さんの言葉で記します。※（ ）内は筆者の補足

## 荒川家の「門飾り」

「お正月は旧暦で厳粛に祝っていましたよ。年末の二十八日頃、家長が、まずお風呂に入って、体を清めてからしめ縄を作ります。しめ縄にはモチ米のワラを使ってね。長くてしなやかだから作りやすいの。細長いしめ縄は、中の間や神棚などにぐるりと張り巡らしました。うちの神棚は長くてね、二間（約3.6メートル）くらいありました。たしか、山神様、御水神様、お不動さんなど、たくさんの神様が祀ってあって、その神様ごとに縁起物が描かれた紙を下げました。

父親と一緒に作っていたのは『門飾り』ですね。真竹を門の形に組んで、その上にたくさんの笹をくくりつけます。でも門飾りの笹はあまり高くしませんでし

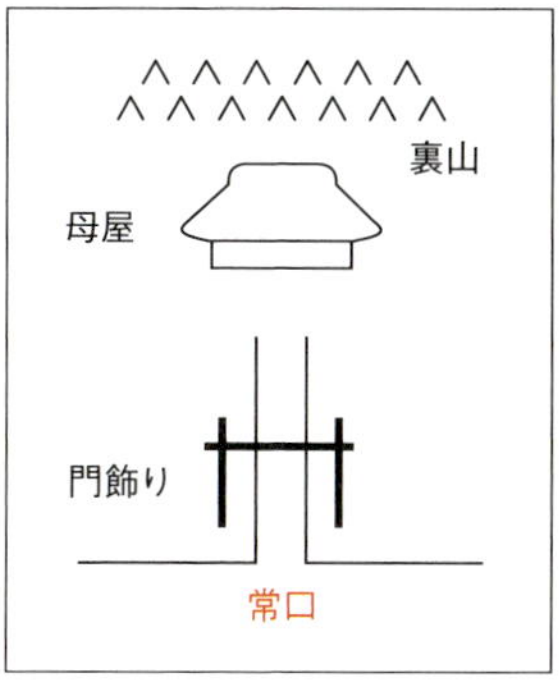


**右**｜荒川家の「門飾り」。真竹３本をシュロ縄で３か所縛る（下から七重、五重、三重に巻く）。それを両脇に立て、松・笹・梅を添え、藁のコモで巻き、周囲をクヌギで固める。最後に１本のクヌギを添える。横に渡した竹にはしめ縄（シメノコと紙垂つき）を沿わせ、中央に玉飾りをつける。
写真は「渦巻く智恵 未来の民具 しめかざり」展（生活工房、2020年）にて、荒川さん指導のもと、若いお仲間とともに再現設置していただいたもの
**上**｜門飾り中央の玉飾り部分
**下図**｜常口の図。大きな通りから農家の敷地に入っていく道の「入口」のところ

右・上ともに撮影：本田犬友
▶門飾りの藁細工部分の製作動画あり。情報は巻末へ

たよ。雪が多いので潰れてしまいますから。

竹や松は、裏山から刈ってきます。このときだけは誰が入って刈ってもよかったんです。竹には松、笹、梅も添えて、根元にはクヌギを一本立てかけます。悪いものが来たら追い払うためにね。

横に渡した竹は馬が通れるような高さにして、そこへ藁で作ったしめ縄と玉飾りをつけます。

『門飾り』は、家の前ではなく、常口《じょうぐち》に作ります。常口というのは、大きな通りから農家の敷地に入っていく道の『入口』のところ。これは作るのが大変だから、十二月の初めには作っておきます。年末では時間が足りないからね」

**荒川家のお正月**

「大晦日は何でも休ませました。物干し竿でも、大晦日だけ片方を落として休ませるんですよ。

大晦日の夜に出される『年取り膳』は残さず食べるように言われました。その年のものは新しい年に持ち越さないようにね。だから、そんなにご馳走は作りませんでした。

明け方には家長が若水を汲みにいきます。若水の桶には小さな輪飾りを付けました。この水はお雑煮やお茶に使います。そして、朝になると皆でおせちを食べました。おせちといっても煮物くらいでしたよ。

年が明けて、農作業を始める日は、田んぼに松飾りをします。田んぼの土をひっくり返したあと、土を少しこんもりさせて、輪飾りをつけた松を一本立てるのです。

お年玉も貰いましたよ。五銭でした。町へ出て、文房具を買います。ノート、鉛筆、消しゴム。そして残った一銭でアメ玉を買ったの。貯金する時は、竹筒に穴を開けた貯金箱を使っていました。あれは兄からのお下がりだったのかもしれないな……」

## 育てる作物には役割がある

「私の家で育てていたものは、米、麦、ほうき草、モチ米、桑などです。私たちの普段の食事は麦御飯。お米はお客様用。桑は蚕のエサ用。ほうき草は、農家の家ではみんな畑の端にひと畝植えていました。庭箒を作って庭の掃除をするほか、穀物を集める作業にも使っていました。そしてモチ米は必ず育てないとだめ

**上**｜荒川美津三さん。以前所属していた民具製作技術保存会の法被を着て愛用の鉈を持つ。令和元年には財団法人神道文化会から、長年の功績が認められ表彰された
**左**｜80 年使ってきた鉈。「刃がだいぶ細くなってしまったよ」

**上**｜荒川さんが自宅につくった藁細工用の部屋「アトリエ 3230（美津三）」。室内にはこれまで製作してきた藁細工が溢れている。一つひとつに製作年や素材などが書かれた札が付いている
**下左**｜愛用の藁打ち台と横槌　**下右**｜アトリエの看板

ですね。神事には餅を作ってお供えしますから。

昔は農作業が忙しくて、一日三回もご飯を炊いていられないから、朝にドンッと二回分くらいのご飯を炊きます。だから藁で作った『おひつ入れ』で保温していたのね。ご飯はお米に麦を混ぜています。おかずはおしんことか辛いもの。たくあん、はくさい、きゅうりの味噌漬け。私はお茶碗二杯くらいは食べていましたね！

一年の農作業が全て終わると『庭払《にわばれ》』をします。新しいモチ米で庭払餅を作って近所に配り、『ウチは庭払しました』と伝えます。脱穀、籾《もみ》すり、玄米にするところまで終わったということね。

庭払餅は、砂糖の入っていない小豆餡の中に餅を入れたものです。でもね、餅にする前の、蒸しただけの状態を『おふかし』といって、これは近所に配らず神棚へお供えするの。なぜ餅を供えないのかわからないのだけれどね」

**一人前に働く**

「私は十六歳頃から農家を継いで働いていました。昔は十八歳で徴用（兵役以外の業務）、二十歳で赤紙（召集令状）でしょ。長男と次男は戦争で中国に行って、三男は佐世保の軍港で働いて、四男は中島の飛行機を作る工場で働いて。だから五男の私が、兄の復員まで家の仕事を全てやりました。

三六五日休みなし。夏は朝四時に起きて牛や馬、豚、鶏の世話。朝食をとったら七時から農作業。もう一人前でしたよ。『蓑《みの》、鎌、砥石』を常に身につけて田んぼにいきました。そして田の土を『あんころ餅』のような柔らかさにするのね。そうすると籾《もみ》が浮かないの。馬も軍に持って行かれたから、牛を飼って田んぼをさせてね。馬にも赤紙が来るんですよ。三歳馬でした。

その年初めての田植えの時は、苗を神様に捧げるの。一握りの苗を束にして、根っこの土をよく落として、神棚に供えます。

そして、田植えの時だけは白ご飯。真っ白いおにぎりを持っていくの。土手に蓑を敷いて食べたのね。ほんとうによく働いたなぁ……」

**田の草取り**

「田んぼの草取りは、とにかく真夏で辛かった。田んぼだから日陰がないでしょ。日除け蓑《みの》を着て、ずっと四つん這い。田んぼは、立ってやる仕事はないの。どれも腰を曲げてやる作業。田植え、草取り、稲刈り。一日中腰を曲げています。

写真左から。スカリ、べんけい、雪ん子

## 荒川美津三さんの藁細工

解説は**荒川さんご自身**が思い出と共に書いて下さいました。

**◆ミゴ箒**
「ミゴ」とは、稲の穂先、脱穀した後のもの。昔は机の上、細かい所の掃除・神棚の掃除などに使われていた。

**◆鍋敷き**
下が焦げないように保護するもの。鍋にだけでなく、熱いものを置く時、テーブルの上、床の上、台所などに常に置かれていた。

**◆円座**
座布団の代わり。昔はいろり、床は板張りで何も敷いていないので炉端のまわりに保温のため、座布団の代わりに置いていた。

**◆おひつ入れ**
保温のための入れ物。昔は家族も多く、田畑の仕事が忙しいので、朝にいっぱいご飯を炊き、おはちに入れて中に入れておくと、昼食べるとき迄温かく冷めない。保温抜群。

**◆ミニぞうり**
今は履く人もなく、飾り用として編んでみた。玄関などに飾ると可愛く、癒される。足が丈夫にとお守りに下げる人もいる。

**◆べんけい**
串に刺した小魚などを刺して下げるもの。昔は小川などに小魚がたくさん居た。網ですくって来て串に刺し、いろりで焼き火棚にぶら下げて、夕方お酒のつまみにお爺さんやお父さんがつまんでいた。長く下げておくと燻製になる。

**◆スカリ**
買い物の時などに、一升瓶、酒、醤油、塩、砂糖など、いろいろと買ったものを入れて運ぶ入れ物。畑や山の仕事などに行く時にも、必要な道具を入れて背中に背負った。

**◆ぞうり**
藁で編んだ履物。家の周りなどちょっとしたときに履くもの、庭履きとも言った。

**◆釜敷き**
お釜などを置く藁で編んだ台。熱いものなど置く台として、テーブル、床など常に台所に置いてあった。

**◆雪ん子**
藁で編んだ防寒着。昔は、特に東北地方は雪が多く降り、毎日のように吹雪いて寒かった。傘、笠などをかぶっても飛ばされてしまう。雪ん子は頭からすっぽりかぶり、どんなに吹雪いても平気。大人も子供もかぶった、冬には一番の防寒着。

**上**｜左から。ミニぞうり、おひつ入れ、鍋敷き（手前）、釜敷き（奥）
**下**｜左から。ミゴ箒、円座、ぞうり
上下とも写真は「渦巻く智恵 未来の民具 しめかざり」展（生活工房、2020 年）の会場。荒川さんの藁細工を出品していただいた。右頁の 3 点の藁細工も出品作品

田の水はいったん抜いてから草取りをします。抜いた雑草は根元で丸めて、田んぼの土の中にギュッと入れ込んでしまうの。いちいち田んぼの外に出していられないからね。

こういった作業は『結《ゆい》』で行いました。『結』は、集落の隣近所が集まって農作業を協力し合うの。一人前にならないと『結』に入れないから、必死で一人前になろうとしましたよ」

**藁仕事**

「冬の間や、雨雪が降って外仕事ができない日は、男たちが一つの家の納屋に集まって藁仕事をしました。忙しい時には作れないような、大量の日用品を藁で作ります。するとメンバーの中に上手な人や下手な人がいて、『あいつより上手くやるぞ』と競争心が生まれました。草履《ぞうり》なんて三十分から六十分くらいで作れますよ。

藁は一本の宝です。これで何でも作りましたから。まずは縄。昔は縛るものは縄しかないので、秋の夜なべにたくさん縄綯いをしました。あとは鍋敷き、釜敷き、おひつ入れ、蓑、わらじ、草履、べんけい、まぶし（養蚕に使う）、雪ん子、円座、ミゴ箒、縄跳びまで……。みんな藁で作りました。藁を細かく切って、米のとぎ汁や米ぬかをまぜて、牛や馬のエサにもしました。

私が小さい頃、父が農作業に出るとき、「（自分が帰るまでに）藁打っとけよー」と言うんです。藁を叩いて柔らかくしておきなさいと。すると夜、囲炉裏を囲んで父が子どもたちの草鞋《わらじ》を編んでくれる。子どもの草鞋はすぐボロボロになりますからね。お米と同じくらい、藁は大切なものなのです」

## 戦時中の正月

「戦時中も『門飾り』や屋内のしめ縄はしていました。あれはどんな時でもします。ただ、お焚き上げはしませんでしたよ。煙で敵に見つかりますからね。正月が過ぎたらお焚き上げはせず、山にある神社の杉のまわりに置いていました。

戦時中でなければ、お正月に使ったものは集落の神社に持って行って、お焚き上げをします。皆でその火で餅を焼いて、おいしかったなぁ。

戦時中は色々なものがなくなりました。『鉄』も軍に持っていかれました。自在鉤や鍋、釜、仏像もね。小学校五年生の時は音楽の時間もなくなりましたよ。そのかわり、縄綯いの時間になりました」

**上**｜門飾り用の玉飾りが完成して
**下**｜門飾り用の藁細工（しめ縄、玉飾り、コモ）を、若いお仲間に教えながら製作中。いつも近所の自治会館を予約して集まる

## 藁で始まり、藁で終わる

「正月が過ぎたら、仕事始めに『荷縄』を綯います。そして年末の仕事納めは『しめ縄』づくりです。農家の生活は、藁で始まって藁で終わるのです。

藁細工は先祖が考えぬいて作り上げた農民の文化ですからね。絶対になくせません。私もね、先人がどうやってこの形を作ってきたのかと考えます。いつも先人に感謝しながら作っているのです。

作っているとわかるのですが、目に見えないところに大事なことが隠れているんです。力の入れ具合や、ちょっとしたところにね。草鞋にしろ、蓑にしろ、自分自身がそれを使っていたから、どこが切れやすいかわかります。そして、そこを強く作ることができる。だから教科書なんて作れないのです。私もこの先短いので、知ってるものだけでも作っておこうと思って。そうしたら、あとから誰かが見て作れるでしょ?」

## 文化をつなぐ

荒川さんの周りには、藁細工を指導してもらいたいという人々が集まります。

私も七年にわたる取材の中で、荒川さんが誰にたいしても丁寧に、真剣に教えている姿を見てきました。私と話をしている時の荒川さんは穏やかな佇まいですが、指導している時はとても集中して、相手の手をじっと見ています。雑談はなく、必要なことのみを言います。自分の持っているものを、自分が元気なうちにそのまま伝えたいという、強い思いを感じます。

そんな荒川さんに、大きな仕事が舞い込みました。佐賀県の「見島のカセドリ」（重要無形民俗文化財）という行事で使用する「蓑」の修復と製作指導の依頼です。これは、藁の中でも「ミゴ」（お米が付いていた部分）のみを使用する、たいへん労力と技術のいる蓑でした。現地では製作できる人がいなくなり、荒川さんに白羽の矢が立ったのです。

快く引き受けたものの、コロナ禍という厳しい状況の中で、直接指導することが叶わない時期が長く続きました。オンラインや書類などでやりとりしましたが、うまく伝わらないもどかしさは、私のような部外者でも感じるほどです。手仕事の伝承には、「両者が同じ空間にいる」という単純なことが重要なのだとあらためて思います。それだけで、言葉を交わさなくても、多くのことが伝わるでしょう。いずれにせよ、文化の継承は、地元だけでは続かない状況になってきたようです。現在九十五歳の荒川さんは、まだまだ社会に貢献しようとしています。

あるとき、荒川さんが言いました。

「最近、眠れない夜は昔のことを思い出します。みんな居なくなってしまったなぁ……。

でもうちは長寿の家系ですからね。私はけっこう長生きできると思っているんですよ。（同居しているお嫁さんの）陽子がとても栄養のことを気にしてくれてね。作ってくれるものが、どれも美味しいの。おかげで元気だから、今年は十六個のしめかざりを作って、みんなにあげましたよ。喜んでもらえるのが嬉しいの。それが今の自分のつとめだと思ってね」

藁とともに生き、藁でだれかを幸せにする人生。このようなお話を、令和の時代になっても、直接ご本人から聞けることが奇跡のように思えます。荒川さんには、現代の異常気象や災害、各国の紛争がどのように映っているのでしょう。

簡単にその答えを求めるのではなく、荒川さんの生きる姿勢から学び、自分なりに考えていくことなのですね。

二〇一八年から二〇二四年――福島県会津若松市

# 会津若松のふたつの「けんだい」

ある日、福島県会津若松市にお住まいの山内政文さん（昭和六年生まれ）からお手紙をいただきました。新聞で私の記事を読み、しめかざりに興味を持ったとのこと。お手紙には、ご自宅と、集落の虚空蔵堂に伝わるふたつの「けんだい」という正月飾りの写真が同封されていました。

写真の中の「けんだい」は、渦を巻いたしめ縄が二つ重なっています。初めて見るそのかたちに惹かれ、二〇一八年に会津若松市へ向かいました。

**虚空蔵堂の「けんだい」**

十二月三十日。会津若松駅は雪が残り、ダウンジャケットを着ていても寒さがしみ込んできます。タクシーで山内家へ向かい、ご挨拶をしてから、まずは徒歩五分ほどの「下荒井虚空蔵堂」に向かいました。

お堂の横に記されている「下荒井虚空蔵堂由来」によると、もとは村内の森野

**右頁**｜下荒井虚空蔵堂に掛けられた「けんだい」。縄でできた渦は一つに見えるが、背後に同じ大きさの渦が重なっている。だから縄のモトが左右に飛び出している
▶製作動画あり。情報は巻末へ

家の屋敷内にあったお堂で、安永八年（一七七九）に再建、さらに平成十五年には現在地に再建されました。「村人の尊信篤く、縁日は盛大に行われてきた」とあるので、昔から親しまれてきたのでしょう。

お堂の近くにある小屋では、すでに作業が始まっていました。虚空蔵堂の「けんだい」を製作するのは、この集落の社寺総代と有志を合わせて十名ほど。山内さんも若い頃は一緒に作業をしていました。

中に入ると大量の藁が積まれ、藁をすぐる（ハカマを取る）人、縄を綯う人など、役割分担ができています。「けんだい」の大きな渦を巻くためには、長くて太い縄が必要なのです。

「何メートルくらい綯うのですか？」と聞いてみると、「わからない。計ったことないな」との答え。ならば、この延々と続きそうな「縄ない」をどこでストップさせるのだろう……。そう思いながら見ていると、昨年の「けんだい」が重そうに運ばれてきました。

「去年のを解いたら長さがわかる。これに合わせりゃいいんだ」

なんと！　設計図のない清々しさ。その年の藁の状態を見ながら、その年の「けんだい」を作ります。

**上**｜向かって左の縄は、去年のけんだいを解いたもの。右の縄は今綯っているもの。ケバ立っているが、このあとハサミできれいに始末する。後方では、皆で藁のハカマを取っている
**右**｜縄を巻いて大きな渦をふたつ作る。モト（綯い始め）が左右に分かれるように重ねる

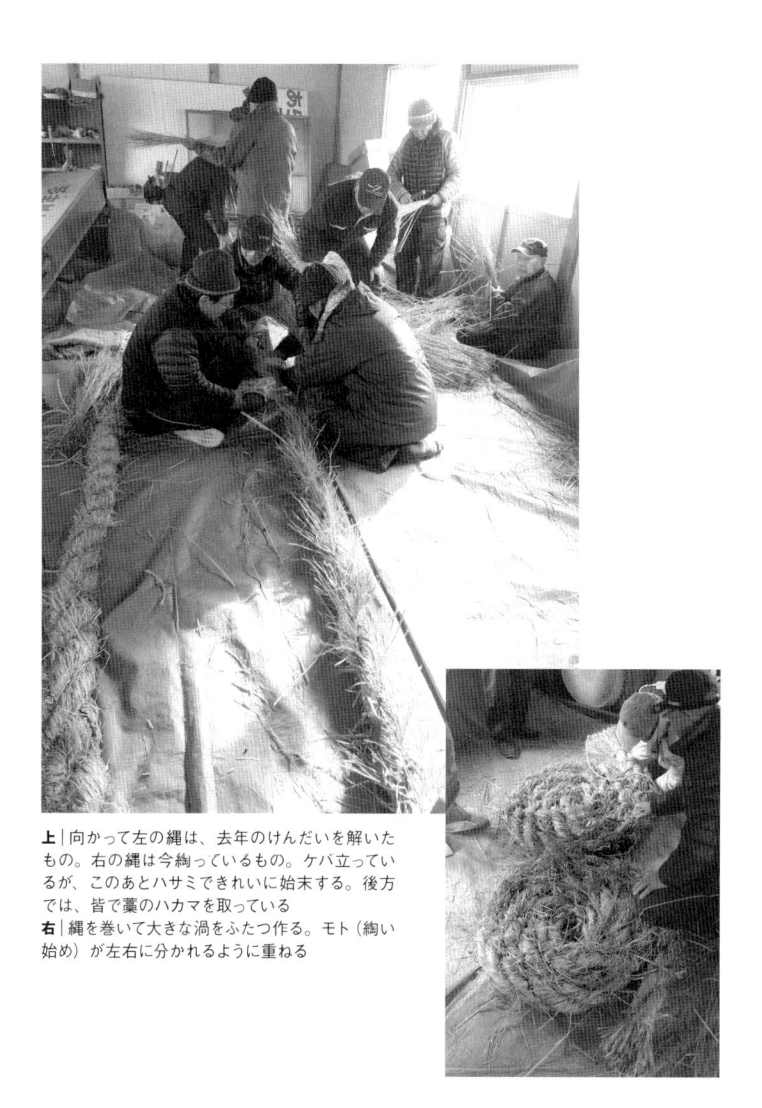

縄は三、四人がかりで綯っています。今年からの新人さんもいるようで、「これでいい？」、「そうじゃなくて」と教え合う風景や、「あ、指切った！」という小さなハプニングも。製作中は、それぞれの近況や四方山話で盛り上がり、手を動かしながら活気があります。

けれど製作自体は楽ではありませんし、外はかなり寒く、設置作業も大変です。それでも毎年欠かさず続けてこられたのはなぜでしょう。ある作り手さんが、笑顔で言いました。「このあと皆で飲む酒のためにやってンだ」

その明快な答えに、なんだか心がすっとしました。毎年の「けんだい」作りは、日々のお堂への感謝とともに、住民同士のつながりのためにもあるのですね。

**山内家の「けんだい」**

さて、ご自宅に戻り、山内家の「けんだい」を見せていただきました。山内家のものは、虚空蔵堂のものと少し形状が異なりますが、二つの渦を重ねていることは共通しています。この「けんだい」は神棚に飾ります。

山内さんが気づいた時には、「けんだい」を飾る家は集落でも四戸しかなく、現在（二〇一八年当時）では山内家のみとなっています。

山内家の「けんだい」は神棚に飾る。餅をふたつ供える　▶製作動画あり。情報は巻末へ

この「けんだい」の名称の意味を知りたいのですが、近世の記録である「会津風土記」を見ても、「けんだい」と平仮名で書かれているだけで、その意味はわかりません。けれど、古くから行われている風習なのだとわかります。

### ワラは叩かず、塩をまく

山内さんは昭和六年生まれの八十七歳（二〇一八年当時）。稲作農家でしたが、近年は体も弱くなり、今はゆっくりしているそうです。正月の「けんだい」は、父親が作っていたものを引き継いでいます。

まずは、ハカマを取った藁を一掴みし、縄を綯います。途中で藁を継ぎ足して長くすることはせず、最初の藁の長さで縄を綯います。

「昔は藁が長かったから、出来上がりの見た目が違うべ」と山内さんは言います。つまり、現在では藁が短くなってしまったので、けんだいの形状が父親のものとは異なるということ。昔は左右に伸びる藁束がもっと長かったそうです。

よく見ていると、山内さんは少しやりづらそうに縄を綯っています。これは、「しめ縄用の藁は叩かない」という山内家の決まりがあるからです。日常の藁細工では、掛矢《かけや》（木槌の一種。山内さんは横槌を使わない）で叩いて柔らかくしますが、しめ縄用は神様のためのものなので叩かず、固い藁のまま製作します。

縄が出来上がったら、穂先のほうからぐるぐると巻いて、藁しべ二本で固定します。「親父は一本で固定してたけど、俺は二本のほうがうまくいくんだ」。それは、昔に比べて藁自体も固くなったから、一本では固定しづらいということでした。藁の変化に応じて、いろいろと工夫をしています。

渦を二つ作り、クロスするように重ね合わせたら、松葉、譲葉、紙垂を結んで完成です。すると、山内さんは台所から塩を持ってきて、作業した場所にパラパラと撒きました。「最後に塩を振って、藁を踏んだりしたことを帳消しにすんだ」。山内さんは少し笑いながら、そう言いました。

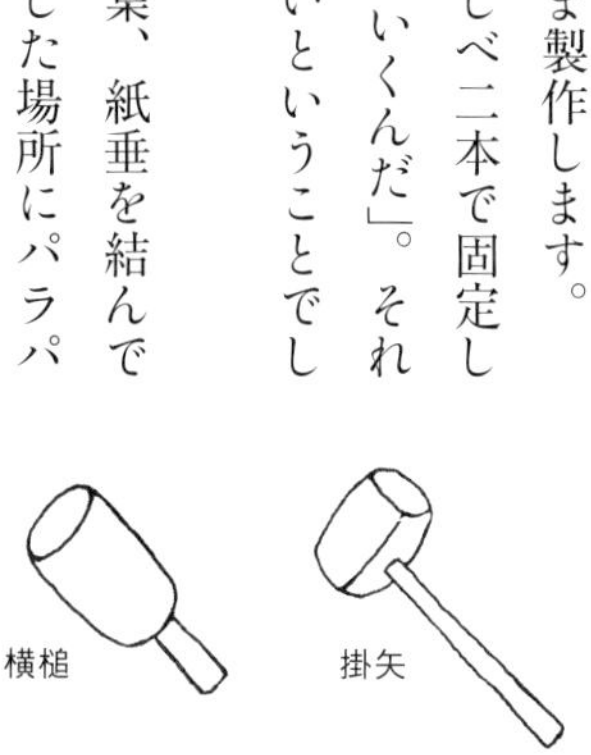


## たくさんの「餅」の智恵

「けんだい」は、神棚に祀られた大神宮様に飾ります。大神宮様には二段重ねの餅をふたつ供えますが、昔は三日にも餅をつき、さらに一つずつ重ねたそうです。山内さんはこう言います。「百姓が正月に餅を飾るのは、神様にあげた餅だけは殿様が持ってかねぇから。だから神棚にいっぱい餅をあげたんじゃねえの。おれはそう思う。百姓の知恵」

山内政文さん。俳句を詠み、季節を愛で、現代の気候変動を憂いていた

縁側で製作中の山内さん。紙垂は自分で切る。譲葉は親戚が持ってきてくれた

確かに、そう思ってしまうほど、山内家ではたくさんの場所に餅を供えました。大神宮様に二つ、長宮様三つ、床間二つ、水神様一つ、お釜様一つ、俵神様二つ。そして三日には、さらに餅を重ねます。その餅の大きさも、今より三、四倍あったと言います。

それらの餅を冬の間、「丁寧に食べていた」そうです。現代の私たちが餅を供える感覚とは、まったく違う世界がありました。

今年の山内さんは、完成した「けんだい」を神棚に飾り、現代の小さな餅を供えました。

私は「こんなに大変な手間をかけてまで、なぜ毎年、正月の準備をするのですか」と聞いてみました。山内さんは「信仰とかそんなのではなくて」と前置きし、「同じことを繰り返す安心感かな」と言いました。

## 「けんだい」を習いに

山内さんとは、その後も頻繁に手紙やメールのやりとりをしていました。昔の農家の話、近代化で変わった生活、幼い頃の学校生活……。本書ではまったく書き切れないお話で、今後また執筆の機会を見つけようと思っています。

そんな二〇二三年のある日、山内さんからこんなメールが届きました。

「けんだいも今年で終わりかな」

もう体力的に難しくなったということでした。二〇一八年に訪問してから、五年も経っています。私はかなり迷いましたが、もう一度見学に行きたいこと、可能ならば少しでも「けんだい」の製作を教えてもらいたいことを伝えました。

もちろん、前回の訪問時に取材、撮影はしているのですが、自分で「けんだい」は作っていません。今回はもう少し「体感」したいと思ったのです。

山内さんは快諾してくださり、二〇二三年の十一月初旬に伺いました。


午前十時頃。久しぶりのご自宅へ着くと、山内さんが歓迎してくれました。息子さんご夫婦は仕事に出ねばならず、私と山内さんの二人きりです。山内さんは以前と変わらないように見えましたが、年齢も九十三歳になりました。藁仕事は大変かもしれないと、少し後悔の念がよぎります。

用意していただいたポットで私がお茶を淹れ、暖かく静かな部屋でゆっくりします。日常的にメールでやりとりはしていましたが、なんだか懐かしく、少し照れるような気分です。

2018年。虚空蔵堂に「けんだい」を奉納。冷たい風が、まわりを清めるようだった

2023年。5年ぶりに山内家を訪問。写真左は最後の「けんだい」を作り終わって

「そろそろ、やるべ」と言って縁側に移動しました。

山内さんは藁を一掴みし、まずは自分で「けんだい」を作っていきます。私は「そうだった、そうだった」、「なるほど」などと心でつぶやき、この贅沢な時間を味わっていました。

しかし、甘かった！

山内さんの製作が終わり、私が「では、お願いします」と言うと、山内さんはコクンと頷いたきり、何も言わず、じっと私の手を見ています。

私は気づきました。そうか、手取り足取り教えてくれるわけじゃないのだ！

途端に冷や汗が吹き出し、頭の中で「マズイ、マズイ、マズイ！」と叫びます。最初に掴んだ藁の量さえハッキリ覚えていない！

もう、そのあとは恐る恐る藁を掴み、ちょっと作業するたびに師匠の顔を覗き込んで……の繰り返し。途中、どうにもならないピンチが訪れたのですが、師匠のやっていない方法で、無理矢理に切り抜けました……。

誤解があってはいけないのですが、山内さんはずっと穏やかに見守ってくれました。本当は私が質問すれば、何でも答えてくれたでしょう。

問題なのは私自身です。全国各地でよく開催されている「しめかざり作り講習会」は、最初から「みなさん、まずは藁を三十本取ってください」と懇切丁寧な指導をしてくれます。私はそれに慣れてしまっていたのです。

山内さんは、誰かに直接教えたことはないでしょう。きっとどう教えれば良いのか、わからなかったはずです。後日、山内さんの過去の取材記録を読み返していたら、書いてありました。「俺は親父に教わってないもん。みようみまね」

私は、本当によい経験をしたと思いました。各地を取材している時に、何度も聞いてきた「みようみまねで作っている」、「横目で見ていたのを思い出しながら」という話を体感することができたのです。

私が山内さんと異なる方法でピンチを切り抜けた時、すさまじい勢いで頭が回転していました。「自分ごとになる」とはこういうことなのだと思いました。

そんな私の不細工な「けんだい」を、山内さんは「オッケイ」と言ってくれました。

最後は山内さんの話ではなく、私の話になってしまいましたが、この時の興奮と感謝をどうしても山内さんにお伝えしたくて、書いてしまいました。

ありがとうございました。

山内政文さんは、二〇二四年に永眠されました。
遺品の中に入っていたという私宛の手紙には、
「すてきな時間空間をありがとうございました」と書かれていました。
私から先に、同じ言葉をお伝えしたかったです。
たくさんの時間と貴重なお話をありがとうございました。
心からご冥福をお祈りいたします。

# 第三章

# 未来の民具

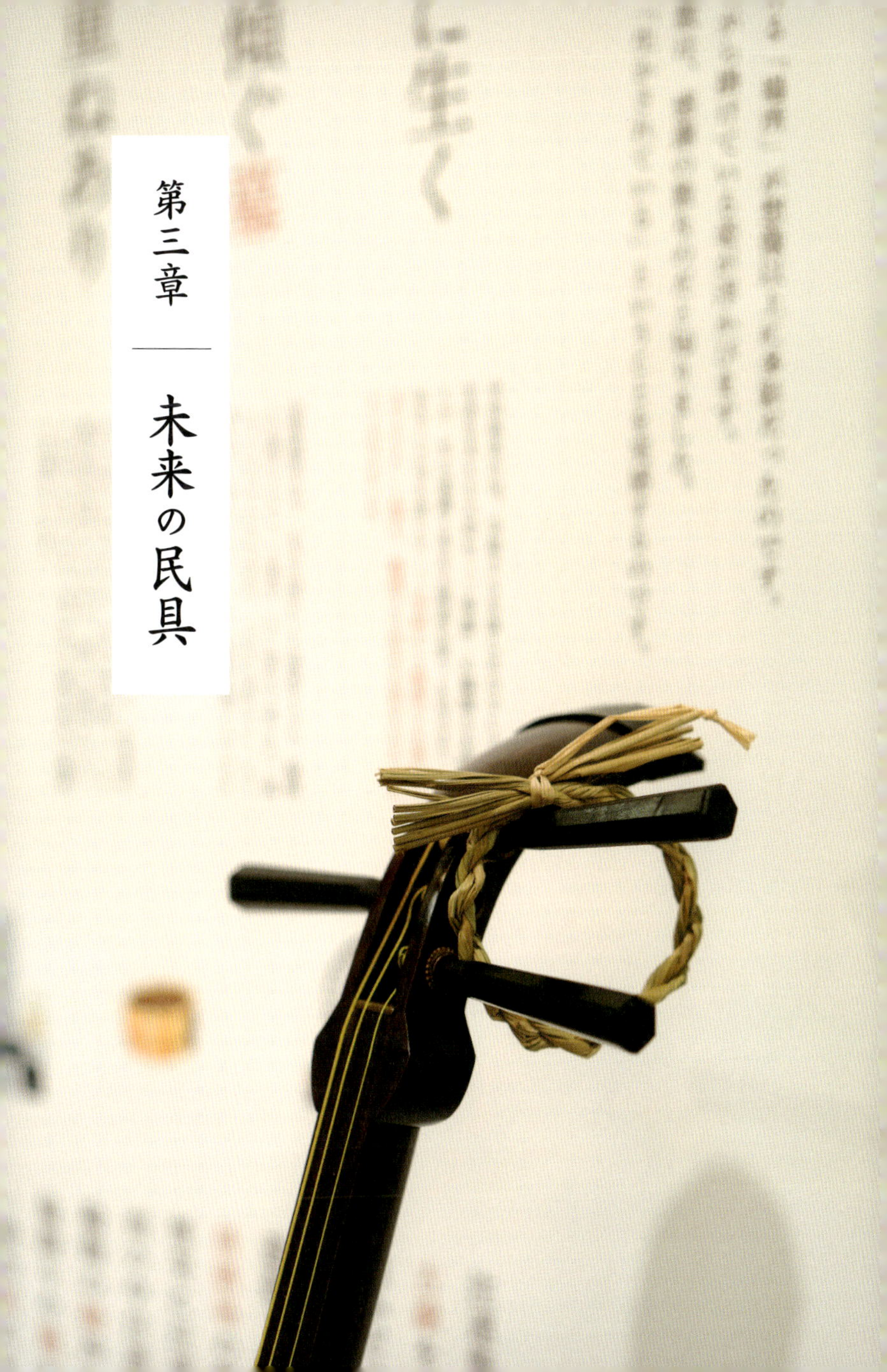

# 「渦巻く智恵 未来の民具 しめかざり」展

この三章では、二〇二〇年に開催された「渦巻く智恵 未来の民具 しめかざり」展（生活工房）を振り返ります。特に、「年男」、「輪飾り」と題した二つの展示に関しては、当時使用した写真や文章を加筆修正し、本書に掲載します。

## コロナ禍の展覧会

この展覧会では、これまでの「しめかざり探訪」で収集、撮影してきた資料の中から、約百点のしめかざりの実物と、千点以上の写真を展示しました。そのほとんどは私の個人資料ですが、実物のうち十七点は個人や博物館などからお借りしました。また、解説文の執筆や、会場全体のグラフィックワーク、チラシデザインなども自ら行いました。

この展覧会はコロナ禍にあり、実現すら危ぶまれていましたが、最終的な来場者数は、のべ九千七二九人にのぼりました。心から感謝いたします。

ほぼ毎日在廊していた私は、たくさんの感想を直接いただくことができました。

「藁を初めて見ました！」、「そういえば昔、父が作っていたのを思い出しました」、「なんだか泣けてきた」、「心が落ち着きます」などなど。

日を分けての再訪や、ランチを挟んで一日に二度ご覧いただくなど、リピーターも多かった印象です。「しめかざり」の何がそんなに来場者を惹きつけるのか、企画者の私自身が困惑する日々でした。

《展覧会概要》
展覧会名：渦巻く智恵 未来の民具 しめかざり
日程：二〇二〇年十一月二十八日（土）～
　　十二月月二十七日（日）
会場：東京・三軒茶屋キャロットタワー三～四階
主催：公益財団法人せたがや文化財団 生活工房
企画制作：森 須磨子（森デザイン）
会場設営：株式会社東京スタデオ
映像協力：公益財団法人 下中記念財団
後援：世田谷区、世田谷区教育委員会

展覧会チラシ

456
481
482
309
487
310

寿満
531
500

## 会場構成について

会場は、ふたつのフロア（合計344平方メートル）を三室に分けました。

**《第一室》**「しめかざり時空探訪」と題して、私が撮影してきた写真を地域別に並べました。写真には『日本の民俗』（第一法規）から抜粋した昔の正月の記述を併記し、来場者がしめかざりの「時空」を探訪できるよう試みました。また、しめかざりの構造、歴史等をグラフィックで紹介しました。

**《第二室》**メイン会場として、暗闇の中にしめかざりの実物を約百点展示しました。テーマは「月下のしめかざり」です。年神は大晦日の夜に降りてくるとも言われますので、月あかりに照らされたしめかざりの姿をイメージしました。

**《第三室》**「渦巻く智恵　未来の民具」と題して、しめかざりの多面性を提示しました。現代の「年男」の取材記事、各地の「輪飾り」を集めた展示、製作映像の視聴、関連書籍の閲覧、実際に藁を触るコーナーなど、しめかざりに込められた智恵を探り、現代に生かせる「未来の民具」として提案することを試みました。

**前頁**｜第二室会場風景
撮影：本田犬友

本書の後半では、この「年男」と「輪飾り」の展示を、写真と文章で再現しています。「輪飾り」についてはあらためて説明しますので、ここでは「年男」について少し解説しておきます。

## 「年男」について

年男とは、その家の「正月行事を司る者」のことです。昔は年男の多くが家長（父、祖父、息子など）であり、しめかざりの製作や松迎《まつむか》え、煤《すす》払い、若水《わかみず》迎え、供物のあげおろしなど、たくさんの仕事がありました。土地によって名称も「若男《わかおとこ》」、「節男《せちおとこ》」などさまざまで、女性がその役目をする土地もありました。

しめかざり展の会場で来場者とお話をしていると、「しめかざりは自分で作ってはいけない」と思っている方が多いのです。

そこで、今回は三十歳代から五十歳代（当時）の若い年男を取り上げ、その楽しさや苦労をお伝えします。

※「年男」参考文献：『精選 日本民俗辞典』（吉川弘文館、2006）

第一室「しめかざり時空探訪」会場風景。南から北へ、約70枚の写真を地方ごとに展示

**上**｜第三室「渦巻く智恵 未来の民具」会場風景。写真向かって左の壁に、輪飾りを展示。向かって右のバナーは年男の取材記事。しめかざりの製作映像のモニターも設置
**下左**｜撮影してきたリバーサルフィルムをバックライトで約 900 枚展示
**下右**｜自作の「しめかざりカルタ」を展示

# 年男

二〇一九年——宮城県栗原市・二階堂旭さん（昭和五十六年生）

# 三世代家族の年男

二階堂さんは、三十歳代（当時）という若さで、家に伝わるしめかざりを作っていると知り、興味がわいて取材を申し込みました。

## 見渡す限りの田んぼ

二〇一九年十二月二十九日。さっそく二階堂家へお邪魔しました。ご自宅の前は、地平線まで続きそうなほど広大な田んぼです。けれど「使える藁が無いんです。今はコンバインで藁を細かくしてしまうので」と二階堂さんは言います。このような話は、私も多くの土地で聞いてきました。

そこで二階堂さんは、くりはらツーリズムネットワークという地域団体の協力を得て、しめかざり用のモチ米を育てることにしました。その稲を夏に青刈りし、青く長い藁でしめかざりを作ります。先代までは脱穀後のうるち米の藁（丈が短い）を使っていたので、自分の代になってお飾りが大きくなったそうです。

自宅玄関で製作する二階堂さん。モチ米の藁で。霧吹きの横にはアンコ（芯になる藁束）がある

「小さい頃はじいさんが作るのを手伝っていました。自分は藁を持って押さえる係。うるち米の藁は固かったので、屋外で叩いたり、ハカマを取ったりして、寒かったことを覚えています。じいさんの時は藁に塩水もかけていました。理由はわからないけれど」

## 釜神と三宝様

二階堂家は三世代七人家族です。ご両親と、旭さんご夫婦と、三人のお子さん。おじいさんはすでに他界されています。そこで今は、旭さんが「だなどの」としてお家じゅうのしめかざりを製作。二階堂家では「年男」のことを「だなどの」と呼びます。

二階堂さんが作るしめかざりの中でも、独特なものは藁で作った「三宝様《さんぼうさま》」です。中央を大きく太らせたしめ縄に、三色の御幣を立てます。この土地では通常、三宝様は「釜神《かまがみ》」に飾るそうですが、二階堂家には昔から釜神はなく、いつも台所の上部に飾っていました。とはいえ、小学生の頃の二階堂さんが、夏休みに新聞紙とアルミホイルで「釜神」を作るほど、この土地に根付いた神様です。

宮城県のホームページによると、「釜神」には土製や木製があり、その造形は首から上の「面」の形で、「多くは憤怒の形相をかたどり、台所の柱や竈《かまど》の上などに、出入口や外をにらむようにして飾っておく。この風習は宮城県から岩手県南部にかけて広くみられる。一般に火難よけ、魔よけ、家内繁盛のためという。家を新築し、竈を新しくした際、火の神を祀る意味で、家を造った材料の一部を使って、大工や左官に作ってもらうことが多かった」とのこと。

さらに興味深いのは、二階堂家の周辺において、藁で作る「三宝様」は日蓮宗の檀家のみに伝わる風習だということです。年末になると近くのお寺から、「青・赤・黄」の三色の御幣を、この順番に重ねたものが配られます。それを自作の「三宝様」に立てます。三色の意味は「水（青）と土（黄）で火（赤）を挟む」、つまり火伏せだそうです。

しめかざりなのに仏教、と思う方がいるかもしれませんが、しめかざりは宗教というよりも習俗だと私は思っています。お墓や仏壇にしめかざりを飾る風習も各地でみられます。

## 母から継承

私が今回の取材をお願いした動機のひとつに、「継承」の珍しさもありました。

**右**｜二階堂さんとお子さんたち。長男が製作のお手伝い。常に賑やかな声に包まれていた
**下**｜三宝様を飾った台所

二階堂家の「三宝様」。奥に見えるのは菩提寺である光明寺のお札　▶二階堂さんの製作動画あり。情報は巻末へ

昔は「年男」といえば多くが家長（男性）でしたが、二階堂さんは、母親（女性）から「三宝様」の製作を継承したのです。

おじいさんが亡くなる一年前、もともと手仕事が好きだったお母さんが、「継承」を志願しました。来年になったらお舅さんが作れなくなるのでは、と思ったそうです。お母さんは少し寂しそうに、こう言いました。

「お舅さんに教えて欲しいと頼んだ時は、すでに弱っていたみたいで、あまり上手く作れなかったんです。三宝様を作るのは、けっこう力が要るんですよ。もう少し早く二、三年前から教わっていたら、少し違ったかもしれませんね……」

それから数年後、今度は旭さんが引き継ぐことになりました。母から手取り足取り教わるというよりも、自分が幼い頃、おじいさんの手伝いをしていた時の記憶を引き出しながら、試行錯誤で作っているそうです。

昨年自分が作った「三宝様」を傍らに置き、それを参考にしながら製作する姿が印象的でした。「毎年作っているのに、毎年思い出しながら作るんです」

昔の人は日常的に藁細工をしていましたが、現代の「年男」は年末だけ、ということも多いでしょう。

## 家族の中で作る

旭さんの製作中は、子どもたちがお手伝いをしたり、ちょっかいを出したり、とても賑やかで楽しい雰囲気。けれど「三宝様」が完成すると、二階堂さんは少し苦い顔で言いました。「母親が毎年、出来上がった三宝様のクオリティーにコメントしてくるんですよ……」

そこへお母さん登場で、

「今年はあんまり太くないんじゃない？」

「ほら来た！　ご意見番！」

「ご苦労さん。やっぱり新しいものはいいね。新しい年が来る」

二階堂家の年の暮れは、「三宝様」を中心に家族が集まり、正月の空気が流れ始めます。「これを作らないと一年が終わらないし、始まらない」。そう言って旭さんは、「三宝様」を台所の高いところへ丁寧に飾りました。

二階堂さんは「三宝様」のほかに、細いしめ縄も製作する。写真上から、井戸、玄関、裏山にある明神様の祠

二階堂家のみなさん。写真提供：二階堂旭

# 遠距離の年男

## 二〇二〇年と二〇二三年——岡山県苫田郡・三村宜敬さん（昭和五十七年生）

三村さんは、岡山県にある実家の正月準備を司る「年男」です。けれど、ご自身は和歌山県在住（以前は千葉県）のため、正月のしめかざりは、年末に実家へ戻って製作しています。千葉県に住んでいた時は、藁を千葉の自宅に送ってもらい、製作したものをわざわざ実家に送っていたそうです。

三村さん曰く、「うちのお飾りは売っていないから、作るしかないのです」

私はその「遠距離の年男」という状況に興味がわきました。二〇二〇年に千葉県で製作実演をしていただいたのですが、ついに二〇二三年の暮れ、ご実家へ伺うことができました。

**三村家へ**

二〇二三年十二月二十七日。早朝の津山駅（岡山県）に、三村さんとお父さんが車で迎えに来てくれました。お父さんとは初対面だったので、柔らかい笑顔に安心します。外はかなり寒く、三人ともダウンジャケットをモコモコさせながら車に乗り込みました。

山を登るように走っていくと、徐々に日がさしてきて、田んぼも広がってきます。三十分ほどで到着した三村家は、山を背にして田んぼを一望できる、気持ちの良い場所にありました。

「田んぼは、父がやっています。他人の田んぼも含めると十枚（十反）くらい世話しているかな」

三村家の家業は田んぼと畑ですが、おじいさんの代は林業も営んでいました。

「じいさんは小柄で、一日中ひっきりなしに動いているような人でした」

そんなおじいさんが作っていたのが、三村家のしめかざりです。

**じいさんを思い出しながら**

「小さい頃は、『じいさん、年末になると何かやってるな』としか思っていなかったのですが、私がじいさんの背を越えたくらいから、『お前、お飾りを神棚に置いてくれ』と言われるようになりました。中学か高校の頃には一緒に作って

**上**｜三村家全景。山に囲まれているが、家の前には田んぼが広がる
**下左**｜三村さんのご家族。左からお父さん、お母さん、おばあさん、三村さん。お客様がきた時に作るという「中華おこわ」と、ずい茸のお汁、コンニャク。とても美味しかったです！
**右上**｜餅つきに使用する杵を水に浸しておく　**右下**｜漬物石の緩衝材にも藁を使っていた

**上**｜土間で製作する三村さん。▶三村さんの製作動画あり（千葉県で撮影）。情報は巻末へ
**下左**｜おばあさんは屋外でずっとネギの始末をしていた　**下右**｜製作開始前の土間

いましたね。じいさんは『お前やれ』という人ではなかったので、土間で隣に座って、横目で見ながらなんとなく作っていました」

家の伝承は、「親から子」ではなく、むしろ「祖父母から孫」に伝わりやすいとも言われます。「親」世代は働き盛りで、それどころではないのです。

しかし、三村さんとおじいさんには、こんなことが起きてしまいました。

「あるとき、年末近くにじいさんが倒れて、お飾りを作れなくなったんです。親父はやれないっていうから、私が作るしかなかった。それまで一緒に作っていたのに、いざ一人になると『あれ？ ここは三つ編みだっけ？ 左縄だっけ？』と、わからないことばかり。しまいには昔のアルバムから正月の写真を探して、これまではどうだったのか確認しようとしたのですが、写りが小さくてよくわかりませんでした。結局いまでも毎年、『じいさんはどうしてたのかなぁ』と思いながら作っています」

おじいさんに聞けないからアルバムを探した、というエピソードは私のお気に入りです。三村さんが、「どうにかせねば」と必死になっている姿が目に浮かびます。すでに「年男」としての責任感が生まれていたのかもしれません。

## 三村家のしめかざり

三村さんが製作するしめかざりは、形が五種類、総数は十六個です。私は便宜上「しめかざり」と書きましたが、三村さんはそれぞれを「祀る場所」で呼びます。「それは、水神様用」というふうに。これは他の地方でもよくあることです。昭和三十年代頃の日本各地の習俗を集めた『日本の民俗』全四十七巻（第一法規）を見ても、祀る場所で呼んでいたり、「しめ縄」と総称することもあります。しめ縄の名称も土地や家により、トシナ、シメ、オシメなどさまざまです。三村さんの製作したしめかざりは写真ページでご覧ください。

## 大晦日から年明け

三村さんは、大晦日の夕方六時頃に、家の内外すべての神様にお燈明を点けて回ります。そのあと床の間に筵《むしろ》を敷き、若年様の膳を供えます。膳の上には白米、年越イワシ、蕎麦、昆布、イカなどを載せます（年によって少し変わる）。

その膳は大晦日に供えたあと、年明け三日まで朝、昼と新しいものに取り替えられます。つまり七回も膳を供えるのです。若年様は地主様とも呼ばれ、特に大切にされていました。その祠は、田んぼの中に立てられています。

釜土大神様のお供え。皿の上には、とんどで焼かれた「炭縄」と餅、稲穂

水神様。釜土大神様と同形のお飾り

納屋の入り口にはメガネ型のお飾り

台所の釜土大神様。三つ編みを輪にしたお飾り。この形は 12 個製作し、神棚や若年様などに飾る

玄関のお飾り。太めの三つ編みを縦に飾る。装飾は、ふくらし、細く切ったスルメ、橙、裏白

**上**｜床の間の飾り。奥には前垂れ系のお飾りを掛け、手前にはゴボウジメ系のしめ縄で波をつくる
**右**｜若年様の膳。2017年。写真提供：三村宜敬

若年様には元旦の朝に「餅」も供えますが、家人は四日が焼き初めなので、それまで餅は焼かないで煮るそうです。

## 「お日待ち」のたゆうさんの言葉

「うちでは一月八日頃に『お日待ち』という風習があります。神社から『たゆうさん』という宮司さんがお越しになり、神棚に玉串を供えて清めてくれるのです。そのとき、床の間に私が作ったお飾りがあると、『ここのは見事!』と言ってくださる。それは私も嬉しいし、親も喜んでいる。だから正月が過ぎても、『お日待ち』まではお飾りを外さずに飾っておくのです」

丹精込めたお飾りが、宮司さんとの毎年恒例の話題となり、親孝行にもなっています。これではご両親も、外すに外せないでしょう。

「でも一度、夏に帰省したらまだ床の間に飾ってあって。『とんどで焼かなかったんか』と聞いたら『あまりにも、たゆうさんが褒めてくれるから残しておいた』と。さすがにそれは、早くお炊き上げしてくれと思いましたね(笑)。ちなみにこの地域では、とんどで焼いたお飾りの炭を顔に塗ると風邪をひかないという風習があって、私も子どもの頃にやってましたよ」

## 改善の日々

「私は毎年、お飾りを改善しています。例えば、この前垂れみたいなお飾りは、藁の挿し方を変えたらきれいに藁しべが垂れるようになりました。じいさんが生きていた頃に、作り方を聞いたこともあるのですが、『ええころにすりゃええ』としか言ってくれませんでした」

三村さんは終始楽しそうに話されるので、本当に家族が好きで、家族の喜ぶ顔のために作っているのだと伝わってきます。そして、「たゆうさん」やご近所さんへ、きちんとしたものをお見せしたいという誇りも感じます。

「遠距離」というハードルを、軽々と飛び越える「年男」でした。

三村さんが参加した 1995 年のとんど焼き。とんどで焼いたお飾りの炭を顔に塗り、餅を食べる三村さんとお母さん（写真 2 点提供：三村宜敬）

若年様の祠。田んぼの中にある

二〇二〇年と二〇二四年——東京都町田市・江川英明さん（昭和四十五年生）

# 「初代」年男

江川くんは私の美大時代の同級生で、現在はデザイン会社を営んでいます。ここ数年、ＳＮＳに流れてくる「江川くん自作」のしめかざりが気になり、お正月も過ぎた頃、ご近所のカフェにてお話を伺いました。※取材は四年を隔て全二回

**農業祭とお父さん**

江川くんは結婚後、町田市に住み始めました。毎年家の近くで開催される「農業祭」には「輪飾り製作」のコーナーがあり、三〇〇円ほどで輪飾りを一つ作ることができます。いつも江川くんは二つ作って、家に飾っていました。

「そういえば、子どもの頃は父親がしめかざりを作っていたな」と思い出すこともありましたが、作り方を覚えていたわけではありません。それでも、父親の側《そば》で作るのを見ていたり、自分が藁くずを集めてお掃除をしていたという記憶は、

楽しかったものとして残っています。そんな江川くんはある日、しめかざりを「自作してみよう」と思い立ちました。

## 身近な人たちとともに

そんなとき、周りを巻き込んで一緒に楽しむのが江川流です。お子さんが通う高校には親が中心となって行う「手作り講習会」という行事があり、そこで「しめかざり作り」を提案したのです。藁の入手は実家が農家だというPTAのかたにお願いしました。江川くんは言います。「この時初めて、すぐっていない（ハカマ取りをしていない）藁を見たよ」

そこで、藁のすぐり方、縄の綯いかた、紙垂の切り方まで、動画サイトを何十本も観て学びました。もちろん、作り手に直接会って学ぶことができれば最良ですが、現代では身近に藁の師匠がいないのでしかたありません。

さて、講習会当日。江川くんもしめかざりの講師になるのは初めてでしたが、無事に全員が「しめかざり」を完成させました。装飾として付けたお花や水引は、小物を作るのが得意だというPTAのお母さんの自作です。皆で協力した「しめかざりの会」となりました。

江川くんと奥様の晋子さん。二人で「テヅクリスト」として手仕事ワークショップを開催している

**上**｜PTA のみなさんと講習会を開催　**中右**｜初期作品。会社で作り、社員に見てもらったことも
**中左**｜最初は藁がなかったので、紙バンドで練習していた（以上３点撮影：江川英明）
**下右**｜裏白にちょうど良い色紙があったので、裏白も自作してみた。江川氏「大変だったよ……」
**下左**｜右頁「玉飾り」の房の部分。端に藁のフシを揃えている。江川氏「無心になれたよ……」

## 誰もいない会社に飾る

講習会後は、「今年はいつ作るの？」と待ち遠しそうに聞かれたり、親戚に贈ったしめかざりが喜ばれたり、家や会社でも大切に飾ってもらえたり……。しめかざりを作るモチベーションは「作っていて楽しい、出来上がって美しい、誰かに喜んでもらえる」と江川くんは言います。ですが、こんなこともありました。「去年は仕事がフルリモートだったから、会社に飾ったしめかざりは、誰にも見てもらえなかったよ」

会社の扉は奥まったところにあり、通りすがりの人にも見てもらえません。けれど江川くんは、自宅で作ったしめかざりを会社へ運ぶために、「専用の箱」まで自作しました。私は、そこまでするのかと驚きました。

江川くんのモチベーションである「誰かに喜んでもらえる」の「誰か」とは、どこまでを含むのだろう。「誰もいない会社」とか、あれとかこれとか……。そんなことを想像する私でした。

## お父さんの「輪っか」

江川くんのお父さんは山口県出身。でも江川くんが幼い頃に、家族で神奈川県へ引っ越していました。

「お父さんはいつも、マンションの玄関で作っていたよ。たしか、おじいちゃんの作り方を踏襲していた。今思えば、近所の人たちが飾っているしめかざりとは違う形だったな」

それは「輪っかの形だった」というので、私が山口県でよく見られるしめかざりの形を描いてみると、「あ！　そんな感じだった！　そうだったかも！」と盛り上がりました。そして「お父さんに聞いてみるよ！　どんな形だったか。きっと、あのお父さんなら絵も描いてくれるはず」

私が江川くんとの会話で一番印象に残ったのは、「お父さんに聞いてみる」という言葉でした。私自身を含め、親にはあまり昔話を聞かないですよね。自分の親の「昔」は、「そんなに（価値のある）昔ではない」と思ってしまうのでしょうか。まさに私はそうだったのですが、じっさいに聞いてみたら、親の「昔」は「けっこう昔」でした。そして「けっこう面白かった」です。

## 家の文化をつくる年男

江川くんはこれからもしめかざりを作っていくのだと思います。お父さんから

「輪っか」のお話が聞けても聞けなくても、その「作りたい」という気持ちが、

江川家ならではの正月文化を育んでいくのでしょう。

正月の準備を司るのが「年男」です。良い年を迎えたいという気持ちがあれば、誰でも「初代」年男になれます。現代においては、家長でなくても、女性でも、若くても、独身でも、誰でも。

「自分の家の文化は自分でつくる」

年男たちを見ていると、いつもそんな言葉が浮かんできます。

# 輪飾り

# 輪飾りとは

しめかざりには玄関用、神棚用などさまざまな種類がありますが、その中に、水回りや勝手口など「普段良く使う物や場所」に飾り付ける小さなしめかざりがあります。

これも土地によって名称や形状が異なりますが、多くは細い縄を丸めた小型のものです。それを東京では「輪飾り」と呼ぶので、本書では便宜上、そのようなしめかざりを総称して「輪飾り」と呼ぶことにします。

輪飾りを掛ける場所は、昔ならば農具、竈《かまど》、井戸、各所の入口、祠《ほこら》等々、現代でも屋外の蛇口や勝手口の取っ手に見ることがあります。輪飾りは、日常で大切にしている「物」や「場所」に掛けられます。

（※輪飾りのない土地もある。その場合、小さな餅を各所に供える例がある。）

**道具の年取り**

日常の道具を大切にする風習は昔からありました。例えば「道具の年取り」は、道具も年を取るとして、餅などをお供えして祝い、感謝する習俗です。

昭和十八年刊行の『農村の年中行事』では、甲斐北都留郡の「農具の年取」として、臼の上に鍬《くわ》・鉋《かんな》・鉈《なた》等の農具を飾り、大きな餅を供えたことが紹介されています（写真参照）。

また同書では、家畜などの動物にも「年取り」を行う例をあげるとともに、「針供養」や「筆塚」も「感謝の意を表すること」と記しています。

私たちは昔から、「感謝」が生活をより良くすると知っていました。

甲斐北都留郡の「農具の年取」
出典：『農村の年中行事』（武田久吉、龍星閣 1943）

**感謝の道具**

あるとき私は、「輪飾り」もその場を清めるだけでなく、その場所や物に感謝をする道具なのでは、と思うようになりました。各地を探訪する際も、輪飾りが気になります。

私がそんな思いに至った出来事を、「俳句」、「小学校講座」、「付箋」というキーワードで、お伝えしてみたいと思います。

左上から時計回りに。宮城県伊具郡、東京都八王子市、愛知県名古屋市、岡山県倉敷市

# 輪飾りいろいろ

各地の輪飾りの一部を紹介します。

**上**｜長野県上田市の住宅街にて。勝手口の取手に掛けてあった。藁しべを垂らしたしめ縄を、下方に曲げて輪にしたもの
**右**｜東京都杉並区にて。門松に掛かっていることが多いが、街中にある水道の蛇口や、駐車場の入り口などでもよく見かける

# 「輪飾り」を詠む

輪飾りは、日常の道具やよく使う場所などに掛けるとされますが、私自身はあまり実感できずにいました。東京の街を歩いても、輪飾りを見るのは門松に掛けられているものくらいで、スーパーへ行っても「二個セット」でしか販売していません。一方、地方へ「探訪」に行くと、八個や十個がセットになっていることも多く、「いったい、どこへ飾っているのだろう」と思っていました。

そんなある日、俳句の歳時記に「輪飾り」の項目があることに気づき、「輪飾り」を詠んだ俳句を集めてみようと思い立ちました。

そして、驚きました。

俳句の中では、「輪飾りを掛ける場所」が、想像をはるかに超えて多彩だったのです。自分の心に素直に従い、「思いのある場所」へ掛けていました。今年もありがとう、来年もよろしくね、という言葉が聞こえてくるようです。

輪飾りは、「人の心に寄り添う」しめかざりなのだと感じ、夢中で集めた俳句の一部をご覧いただきたいと思います。（解説文は筆者によるもの。）

# 三味線に輪飾かけて芸に生く

中村秋星の句。「三味線」に輪飾りを掛け、この一年の感謝と更なる芸の精進を誓うような句。私はこの句を読んで「三味線にも輪飾りを掛けて良いのか」と驚き、輪飾りの俳句を集めるきっかけとなりました。

輪飾をかけてもらひて傾ぐ墓

清崎敏郎の句。輪飾りを掛けてもらった墓が、喜んで傾いでいるようにみえます。「今年も来たよ」「よく来たな」という会話が聞こえてきそうです。先祖の霊を迎える正月。

海女の桶輪飾かけて重ねあり

田上鯨波の句。海女にとって「桶」は、仕事道具以上の思いがありました。嫁入り道具にすることもあったそうです。句ではその桶を重ねて輪飾りを掛けています。

波の間に見えて生簀の飾かな

岡田耿陽の句。生簀《いけす》にも輪飾りを掛けています。波間から、ゆらゆらと見え隠れする感じでしょうか。田のものと海のものが戯れている風情も良いですね。

遺影下の遺愛ピアノに輪かざりす

及川貞の句。身近な人の愛用していたピアノに輪飾りを掛けているのでしょう。輪飾りにどんな思いを込めたのか……。

枕べの寒さ計りに新年の
年ほぎ縄を掛けてほぐかも

正岡子規の短歌。明治三十四年、子規が亡くなる前年に書かれたもの。晩年、病床の日々だった子規は、枕もとにある寒暖計（寒さ計り）に輪飾り（年ほぎ縄）を掛けました。『墨汁一滴』ではその情景をこう書いています。

「その寒暖計に小さき輪飾をくくりつけたるは病中いささか新年をことほぐの心ながら歯朶《しだ》の枝の左右にひろごりたるさまもいとめでたし。その下に橙を置き橙に並びてそれと同じ大きさほどの地球儀を据えたり。（中略）これ我が病室の蓬萊《ほうらい》なり。」

# そのほかの輪飾り俳句
（「注連飾り」含む）

注連飾る親子二代の糸車　伊藤和一郎

一管の笛にもむすぶかざりかな　飯田蛇笏

古鍬をとぎすましたる飾かな　村上鬼城

岩かどに飾かかれる泉かな　野村泊月

楮晒場の盤石や飾置く　松林朝蒼

煙突に注連飾して川蒸気　高浜虚子

春立つとわらはも知るや飾り縄　芭蕉

輪飾の舳沖さしうららなり　長谷川史郊

輪飾りや竈の上の昼淋し　河東碧梧桐

輪飾の藁の香こもる仏間かな　大門麻子

古井戸のつかはぬままに注連飾　山口青邨

洗はれて櫓櫂《ろかい》細身や注連飾　大野林火

狛犬の首に真青な注連飾　藤本安騎生

注連はるや神も仏も一つ棚　阿部みどり女

輪飾かけて機械の精緻つかれゐる　吉岡禅寺洞

雨の中輪注連拾うて木へかへす　福島小蕾

出典『新撰俳句歳時記 新年』明治書院 1976／『平凡社俳句歳時記 新年』平凡社 2012
『俳句歳時記 新年』角川ソフィア文庫 2017／『365日の歳時記・下』PHP研究所 2017
正岡子規『墨汁一滴』岩波文庫 2021　※輪飾りや注連飾りの俳句は数えきれないほどあります。

長野県上田市では、門松に添えるしめかざりは輪飾りではなく縦型のゴボウジメ

# 愛と情熱の小学校講座

二〇二〇年一月下旬。我が母校の小学校にて、五年生一〇六人を対象にした「しめかざり講座」を行うことになりました。

とても名誉な依頼でしたが、大人対象の講座ばかりしてきた私は、少し不安でした。はたして小学生にしめかざりの「何」を伝えれば良いのか。それもたった四十分で、お正月も過ぎたこの時期に……。ウンウン唸った挙句、左表のような構成を考えました。

なんとこの講座、盛り上がったのです。

生徒たちは割れんばかりの大声で講座に参加してくれて、先生方も驚くほどでした。

今回私は「しめかざりを学んでもらう」のではなく、「ワクワクした気分で興味を持ってもらい、最終的に自分ごとにしてもらう」を目的としました。そこで、羞恥心を捨てた寸劇を作ってみたり、

**しめかざり講座**

**第１部　寸劇！**
・しめかざりって何？
・藁って何？
・自分の住む町のしめかざり解剖！

**第２部　スライド講座**
・しめかざりは誰がつくる？
・自分の住む町の露店を見よう！
・クイズ式！　全国のしめかざり
・輪飾りについて
・本日のまとめ

講座の中に実物、スライド、実演を散りばめるなど、多面的に伝えるよう努力しました。

実は事前に先生にお願いして、「しめかざり観察」という冬休みの宿題を出していたことも、講座の理解を早めたのだと思います。

生徒たちが全てに反応してくれるので、私も意図せず会話形式の講座になり、あらためて講座はジャズだなあと感じました。

お互いのエネルギーの応酬でヘトヘトになりながら、講座は無事に終了。

しかし、ここからがこの講座の「肝」です。生徒全員に、手作りの「輪飾り」を渡しました（輪飾りの製作は有志の親御さんにお願いしました）。

今日の講座で聞いたことを、自宅で「実践」してくれることを期待したのです。

数日後、たくさんの親御さんから「ウチの子はここに飾りました！」という報告写真やコメントが届きました。反応をいただけるとは思っていなかったので、望外の喜びです。そしてなにより、子どもたちの理解力に脱帽しました。

許可のもと、送っていただいた写真やコメントを掲載しますので、ぜひご覧ください。

# 輪飾りをこんな場所に飾りました❶

※写真すべて親御さん提供

「練習した技ができるようになったから!」と、けん玉に付けました

いつもお世話になっている野球道具の入った棚に掛けました

「家にお世話になっているから」と玄関へ

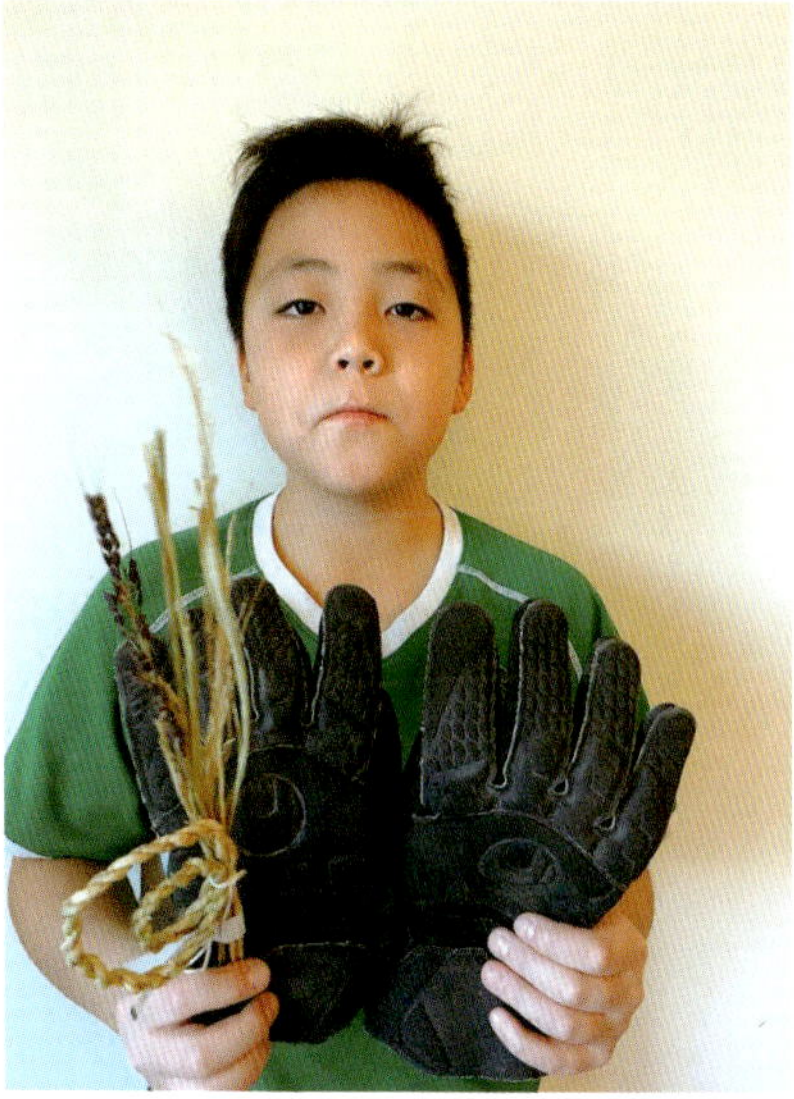

サッカーチームでキーパーをしているので、キーパーグローブに飾りました

ある女の子は、毎日使う大切なベッドに掛けてくれました

初めはランドセルに付けたいと言っていたそうですが、迷ってテレビに。家族で観たり、友人とゲームをしたりして「いっぱい楽しませてくれるから」とのこと

## 講座後の感想文より（一部抜粋）

◆ぼくが一番印象に残っていることは、昔は自分でしめ飾りを作っていたということです。(R.T)

◆私が毎年見ていたしめかざりは、山口のおじいちゃんおばあちゃん家のものなので、他のはあまり知りませんでした。(H.M)

◆飾りを取ると、かめが二ひきも出てきたので、「あ！こんなになっているんだ」と発見することができました。(R.T)

◆ぼくが今回知ったことは、生き物は昔から神とちかいそんざいだってことです。(G.H)

◆おばあちゃんの家にはしめかざりが2こありました。1つはげんかんにありました。もう1つは台所にありました。このしめかざりは数が多いほどきくのでしょうか？(T.O)

◆なぜしめ飾りをかざるのか？から地方のしめ飾りのクイズまで、私が知らなかったことについてたくさんしることができました。(R.N)

◆しめかざりにつかってある材料には、一つ一つ意味がこめられていることが分かりました。(H.T)

◆1つききたいことがあります。ぼくのおじいちゃんのかざりに、こんぶとわかめもはりついていたのですが、何のためのものでしょうか？(U.M)

◆ぼくはこの輪かざりに「これからは家を守ってね」という思いをこめました。(S.W)

◆私は本が好きなので、本だなにしめ縄をかざります。(M.S)

◆私は輪かざりに「いつもおつかれさま」という思いをこめて勉強づくえにかざろうと思います(S.A)

◆僕が一番印象に残っているのは、しめかざり専用のいねを育てることです。このことを知ったことにより、しめかざりはとても大切で専用の物まで作る重要さがよく伝わりました。(K.S)

◆ぼくはせんようのわらはそんなにすきではないので、米ができた方がいいと思うのでさんせいではありません。(K.Y)

◆この輪かざりは部屋にかざって部屋のじゃきを追い払おうと思います。(M.H)

◆もらった輪かざりは、自分が好きな魚のすいそうにつけようと思います。(E.K)

◆しめかざりをつくるときにわらを手でとって、ぼうのように細くしていておどろきました。(N.K)

◆家長が毎年年男だということをはじめてきいたので、今度お父さんのことを年男とよんでみようと思いました。(?)

◆先生が5年生にしめかざりのことをたくさんつたえたいことがあるからはやくちになっているのでうれしかったです。(R.N)

**上**｜生徒に渡す輪飾りは、有志の親御さんが生徒全員分を製作してくれました（写真提供：親御さん）
**左**｜背中当てなどの藁細工も鑑賞

# 輪飾りをこんな場所に飾りました❷

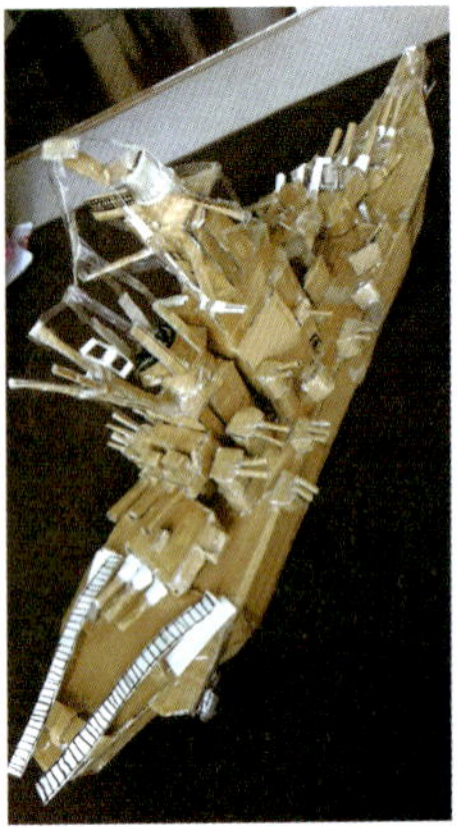

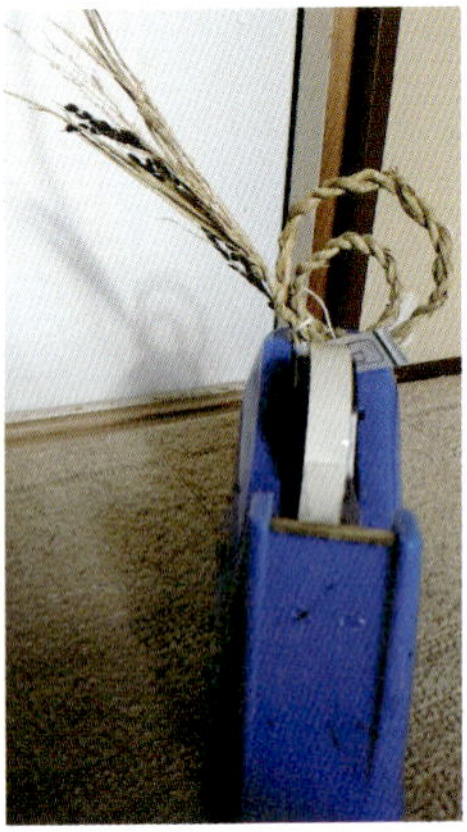

お母さんのコメント「ウチの子は、なんとセロハンテープの台に輪飾りを貼っております。本人に理由を聞くと、『一番よく使う！毎日使う！』だそうです。工作オタクで段ボール工作ばかりしていて……」

いつもバタバタ開けたり閉めたりしているので、日頃の感謝をこめて付けたそうです。そして「玄関は家の出入口なので、そこに掛けておくと、中の家族が守られているような気がするから」と言ってくれました

※写真すべて
親御さん提供

# 付箋で一年を振り返る

第三章冒頭で紹介した「渦巻く智恵 未来の民具 しめかざり」展では、会場内にこんなコーナーを設けました。

《あなたは輪飾りをどこにつけますか？》

来場者が、自分にとって輪飾りをつけたいと思う場所（＝感謝したいモノや場所）を付箋に書き、壁に貼っていくという展示です。

すると皆さん、ペンを持ちながら、しばらく考えます。無言で遠くを見る人や、「あれかな、これかな」と、いろいろ浮かんで決めかねている人も。

私はそれが素敵だなと思いました。どの人もきっと、頭の中でこの一年を振り返っているのです。自分に何が起こったか、どんな物を酷使したか、どの場所に感謝したいか。

輪飾りは、「この一年を振り返らせてくれるもの」とも言えます。少しだけ立ち止まったその時間は、新年へ向けての「節目」となるでしょう。

自分が、たくさんのものに生かされていることを、あらためて知る時間です。

会場に設置したパネル

いつもいつでも助けてくれる友人たち。アリガトウ!
MacBook pro
今年もありがとう 来年もよろしく!
小さな輪飾り
やっぱり石臼です（そば屋です）
お散歩の時いつものスニーカーに!!
針と糸 くらしをささえてくれたから。
びわ湖の町から来ました。すばらしかった!
クワ
田んぼ大好き…
毎日お湯をわかしてくれるケトル
ててとパパ
鬼滅のマンガ棚
本棚!
酒ビン
ピアノにかざりたい!! うまくなりたい!!
自分の目 今年もたくさんいろんなもの見せてくれた
タマ川
「ベランダ」 毎日遊びに来てくれるスズメに感謝
筆
絵手紙の神様宿りますように
誕生日祝いにプレゼントしてもらった自転車。
やっぱり玄関。だな…
ペンとスケッチブック 2020 12.27
子どもの背中
電子レンジ

MacBook Pro
見えなくなってしまいました
老眼鏡
花屋なので
♡花ハサミ♡
と
健康で働く私
入口と窓
いつも新たな風を入れてくれる
肝臓
マイウクレレ
メガネ
地球
おいしい料理を作ってくれるキッチンに♡
悦
ランドセル!!
まいにちがんばってる
フライパン
と
圧力鍋
テレワークで活躍してくれた家のiMac
毎日キレイにしてくれてありがとう!
みんなの
中に。
ありがとう!
空の雲に
お気に入りのバッグに飾ってみたい
布団
よく眠れました
仏前
ご先祖様へ
♡ありがとう♡
子供の送迎や買い物にがんばってくれた
電動自転車!!
ミシンに飾りたいです。
大切な仕事仲間です
カレーの玉ネギを炒めるフライパン
カレー屋
だんなさまのアタマ

**前頁**｜展覧会の会場で貼った「付箋」

# 探訪後記

# 探訪後記

各地を歩いていると、私は日本のことを何も知らないと実感します。ほんの少し気候や方言や食事が違うだけで、土地の風習は大きく変わります。ところが現地の人には、どれも「当たり前」のこと。その当たり前を、旅人の目でスケッチしたのが本書です。

今回は二十年以上前の「初期」の探訪と、一番「最近」の展覧会記事を組み合わせたので、少し不思議なバランスだったかもしれません。また機会を見つけて、書き切れない「探訪」を執筆したいと思います。

### 正月の背骨

言うまでもなく正月文化は、しめかざりだけでは成立しません。松を迎え、餅を供え、煤払いをし、正月棚を設け、年取り膳を用意し、若水を汲み……。しめ縄やしめかざりをしない土地もあります。日本の正月は、その家や土地に寄り添って育まれ、どれが「正しい」とは言えません。

けれど、一つだけ言えるとしたら、庶民の正月行事の多くが「年神」を迎えるために行われてきたということです。歳徳神や山神様など、その名称や性質は様々ですが、探訪中にもたくさんの「年神」を見てきました。

ここからは私見ですが、探訪を通じて強く思ったのは、いわゆる「カミサマ」だけでなく、すべてのものが「年神」になりうるということです。

例えば本書からひろってみると、亡くなった祖父母はもちろんのこと、一族の記憶（愛媛探訪）、集落の仲間（会津若松探訪）、お米と藁（第二章）、土地の歴史（東城探訪）、遺愛ピアノや寒暖計（俳句）、ランドセルや眼鏡（付箋）……。

そういった大切なものたちが、ある時期（正月や盆など）を迎えると、一堂に会して自分と「混ざり合う」ことに、年中行事の意義を感じました。混ざり合うものが多ければ多いほど、「自分（自我）」が消えてゆきます。

イメージとしては、着物の「鮫小紋《さめこもん》」という文様に近いでしょうか。近くで見ると独立した小さな点の集合体なのですが、離れてみると混ざり合って「無地」に見えます。

そうやって人は、日常が苦しくなってくると「自分」を消して、「無」の時間を作ってきました。集まったものたちに感謝をすることで活力をいただき、元気になったら新しい一歩を踏み出す。それが年中行事で言うところの「節目」なのでしょう。

「年神（感謝の対象）」がいれば、正月に背骨が通ります。大掃除もおせちも、自分のためではありません。人は、「誰か」のためなら頑張ることができます。それが一輪の花のためでも。

自分なりの「年神」を考えることは、「先人の知恵」の一つかもしれません。

## 藁で作る意義とは

少し観念的になってしまったので、現実に戻ります。

しめかざりをこれからの文化として考えるには、大きな問題があります。素材である「藁」の入手が難しくなったことです。

現代の稲刈りは、多くがコンバインを使用します。稲刈りと同時に脱穀し、藁を細かく裁断してしまうので、長い藁が入手できません。根元から刈ることのできるコンバインもありますが、長い藁を大量に必要とする農家も減りました。

家族経営だった農家は高齢化が進み、田んぼは集約され、農業法人によって大規模化するのが現代の傾向です。

本書に登場する荒川さんや山内さんのように、昔の農家を知る人は、「日常的に藁細工をしてきたから、年末にしめかざりを藁で作るのは自然なこと」と言います。逆に言えば、日常的に藁細工をしていないと、年末に作るのは技術的にも心情的にも難しいということです。

そんな現代社会で、しめかざりを「藁」で作る必要はあるのでしょうか。「米」への感謝の気持ちも、日々の消費量も減ってしまった日本人において。

私も答えを出せずにいましたが、最近、こんなことがありました。

藁細工の得意な友人が、ある施設で「しめかざり作り講座」を担当するというので、私も手伝いに行ったのです。受講生は二十名ほど。

その中で、なんだかとても「やりづらそう」にしめかざりを作っている女性がいました。スタッフがサポートしながら最終的には完成しましたが、私は「楽しんでくれたかな」と不安に思っていました。

製作が終わると、受講生とスタッフが輪になって感想を伝え合います。なんとその時に、さきほどの女性が、とうとうと「しめかざり」の素晴らしさについて語ったのです。初めて作ったが感激した、この文化は大事にしないといけない、等々。私は、どこで彼女にそのようなスイッチが入ったのか、嬉しくも不思議に思っていました。

会の終了後、その女性が私のところへ来て、やっと気づきました。彼女は目が見えなかったのです。伝えきれなかった興奮を、私に話してくれました。

まず、「しめかざり作り講座」を申し込んだ時点では、和紙や水引などで小物を作るのだと思っていたこと。けれど会場で素材を渡された瞬間、それが「藁」だったことに心底驚いたこと。香りが良かったこと。自分でも藁でしめかざりを作ることができたという満足感。ここまで続いた文化を消してはいけないと思ったこと。

満面の笑みで語る女性をみて、私は思いました。この女性は「藁」を触った瞬間、一気に「昔」と繋がったのではないかと。無意識かもしれないけれど、「自分」と「昔の生活」が地続きになったと感じたのであれば、とても素敵なことです。それだけでも、「藁」で作る意義は十分にあると思いました。

近年ではコロナや自然災害、紛争など、現実とは思えない状況が続いています。無事に正月を迎えることは、毎年の「奇跡」だったと思い知る日々です。

今年はどんな「年神」をお招きしようかな……。

しめかざり探訪の列車の中で、そんなことを考えながらカロリーメイト（メープル味）を食べています。

本書執筆にあたっては、各地で出会った皆さま、取材に応じてくださった皆さまに、心から感謝いたします。

そして前作同様、遅筆の私に親身に伴走してくださった工作舎の田辺澄江さんには足を向けて眠れません。

二〇二四年十月

森 須磨子

水音の、新年が来た

出典『山頭火 日記（二）』（春陽堂 2003）

| | | |
|---|---|---|
| 2008 | 京都府 | 京都市（北野天満宮）＊ |
| 2009 | 埼玉県 | 秩父郡長瀞町（個人宅取材） |
| 2009 | 静岡県 | 賀茂郡西伊豆町（職人取材） |
| 2009 | 福岡県 | 福岡市（能古島・天神・博多） |
| 2009 | 福岡県 | 直方市（びっくり市） |
| 2009 | 福岡県 | 北九州市（木屋瀬・小倉） |
| 2011 | 埼玉県 | 春日部市 |
| 2011 | 埼玉県 | 加須市 |
| 2011 | 埼玉県 | 熊谷市 |
| 2012 | 愛知県 | 名古屋市 |
| 2012 | 静岡県 | 菊川市（菊川朝一） |
| 2012 | 静岡県 | 富士宮市 |
| 2012 | 神奈川県 | 足柄下郡（箱根町・真鶴町） |
| 2012 | 静岡県 | 御殿場市＊ |
| 2015 | 埼玉県 | 児玉郡（個人宅取材） |
| 2015 | 香川県 | 高松市（職人取材） |
| 2015 | 愛媛県 | 西予市（個人宅取材） |
| 2015 | 東京都 | 中央区（人形町・薬研堀） |
| 2015 | 東京都 | 日野市（高幡不動） |
| 2016 | 東京都 | 八王子市（福の神行事） |
| 2016 | 宮城県 | 気仙沼市（個人宅取材） |
| 2016 | 岡山県 | 新見市（新見のしめ飾り展） |
| 2016 | 香川県 | 観音寺市（伊吹島・個人宅取材） |
| 2017 | 長野県 | 上田市 |
| 2018 | 島根県 | 飯石郡飯南町（大撚り合わせ行事） |
| 2018 | 福島県 | 福島市（歳の市） |
| 2018 | 福島県 | 郡山市 |
| 2018 | 福島県 | 会津若松市（個人宅取材） |
| 2018 | 宮城県 | 仙台市（仙台朝市） |
| 2019 | 宮城県 | 塩竈市（志波彦神社・鹽竈神社） |
| 2019 | 福島県 | 会津若松市（どんど見学） |
| 2019 | 宮城県 | 仙台市（仙台市歴史民俗資料館ほか） |
| 2019 | 宮城県 | 栗原市（個人宅取材） |
| 2019 | 島根県 | 飯石郡飯南町（大しめなわ創作館） |
| 2019 | 山形県 | 鶴岡市（個人宅取材・東田川文化記念館） |
| 2019 | 香川県 | 観音寺市（伊吹島・個人宅取材） |
| 2019 | 宮城県 | 栗原市（個人宅取材） |
| 2019 | 福島県 | 耶麻郡猪苗代町（会津民俗館） |
| 2020 | 東京都 | 町田市（個人宅取材） |
| 2021 | 北海道 | 帯広市（職人取材） |
| 2021 | 佐賀県 | 佐賀市（佐賀城本丸歴史館ほか） |
| 2022 | 長野県 | 上高井郡小布施町 |
| 2023 | 広島県 | 庄原市東城町（個人宅取材） |
| 2023 | 福岡県 | 北九州市（旦過市場） |
| 2023 | 福岡県 | 直方市（びっくり市） |
| 2023 | 岡山県 | 苫田郡（個人宅取材） |

＊印は、両親が面白がって
探訪に行ってくれた土地です。

# これまでの主な探訪先

| | | |
|---|---|---|
| 2000 | 広島県 | 広島市南区（愛友市場） |
| 2000 | 愛媛県 | 伊予郡砥部町（個人宅取材） |
| 2000 | 愛媛県 | 松山市（三津・道後温泉近辺） |
| 2000 | 愛媛県 | 上浮穴郡久万高原町 |
| 2000 | 高知県 | 高知市（日曜市） |
| 2000 | 香川県 | 高松市 |
| 2002 | 山口県 | 山口市（旧・小郡町） |
| 2002 | 島根県 | 益田市（益田の朝市） |
| 2002 | 島根県 | 出雲市 |
| 2002 | 岡山県 | 新見市 |
| 2003 | 鹿児島県 | 鹿児島市 |
| 2003 | 長崎県 | 長崎市 |
| 2003 | 大分県 | 大分市＊ |
| 2004 | 東京都 | 江戸川区（職人取材） |
| 2004 | 茨城県 | 土浦市（ミトラズ田見学） |
| 2004 | 熊本県 | 熊本市 |
| 2004 | 東京都 | 葛飾区（奥戸天祖神社） |
| 2004 | 青森県 | 青森市＊ |
| 2004 | 宮城県 | 気仙沼市 |
| 2004 | 岩手県 | 盛岡市＊ |
| 2004 | 岩手県 | 花巻市＊ |
| 2004 | 青森県 | 青森市 |
| 2004 | 山形県 | 鶴岡市（旧・藤島町） |
| 2004 | 山形県 | 酒田市 |
| 2004 | 山形県 | 尾花沢市（銀山温泉） |
| 2004 | 山形県 | 北村山郡大石田町 |
| 2004 | 秋田県 | 秋田市 |
| 2004 | 秋田県 | 大曲市 |
| 2004 | 秋田県 | 仙北市（角館） |
| 2004 | 秋田県 | 大館市 |
| 2005 | 京都府 | 京都市 |
| 2005 | 奈良県 | 奈良市 |
| 2005 | 東京都 | 杉並区（馬橋稲荷） |
| 2005 | 東京都 | 台東区（浅草寺裏「ガザ市」） |
| 2005 | 群馬県 | 吾妻郡中之条町（暮市） |
| 2006 | 宮城県 | 気仙沼市（個人宅取材） |
| 2006 | 広島県 | 廿日市市（宮島・岩惣旅館） |
| 2006 | 岐阜県 | 高山市（高山陣屋・飛騨の里） |
| 2006 | 滋賀県 | 大津市 |
| 2006 | 滋賀県 | 長浜市 |
| 2006 | 滋賀県 | 彦根市 |
| 2006 | 富山県 | 南砺市（旧・福野町） |
| 2006 | 山梨県 | 甲府市 |
| 2008 | 熊本県 | 熊本市 |
| 2008 | 岡山県 | 岡山市 |
| 2008 | 広島県 | 庄原市（東城町・小奴可） |

◉著者紹介

**森須磨子**（もり・すまこ）

一九七〇年、香川県生まれ。武蔵野美術大学での卒業制作により「しめかざり」への興味を抱くようになる。同大学院造形研究科修了。同大学助手を経て独立。グラフィックデザインの仕事を続けながら日本各地へのしめかざり探訪を続ける。著書に絵本『しめかざり』（福音館書店 2010）、『しめかざり―新年の願いを結ぶかたち』（工作舎 2017）がある。

主な活動概要

二〇〇三年：展覧会「注連縄 豊穣を招く渦」（松屋銀座デザインギャラリー）企画協力・講演

二〇一二年：（株）紀文食品主催「紀文お正月フォーラム 2012」にて講演

二〇一四年：展覧会「米展」（21_21 DESIGN SIGHT）展示協力

二〇一五年：（株）良品計画にてしめかざりアドバイザー業務、社内・社外向け講演

二〇一五年：展覧会「寿ぎ百様〜森須磨子しめ飾りコレクション〜」企画協力（公益財団法人 四国民家博物館）

二〇一七年：これまでに収集したしめかざりのうち、二六九点を武蔵野美術大学に寄贈

二〇一七年：展覧会「しめかざり〜祈りと形」企画協力・講演（武蔵野美術大学 民俗資料室ギャラリー）

二〇一七年：展覧会「新年を寿ぐしめかざり」企画協力・講演（かまわぬ浅草店）

二〇一八年：朝日新聞「天声人語」（一月三日）にて、森の活動が紹介される

二〇一八年：NHK BSプレミアム「美の壺 新年を彩る正月飾り」出演

二〇二〇年：配信サイト 工作舎「note」にて「しめかざり探訪記」連載開始

二〇二〇年：展覧会「渦巻く智恵　未来の民具 しめかざり」企画制作（公益財団法人 せたがや文化財団 生活工房）

二〇二一年：NHK「ラジオ深夜便」（一月一日）出演

二〇二一年：展覧会「ふくしま藁の文化」に参加（福島県立博物館）

そのほか、講演・展示・執筆・メディア出演など多数

▶ YouTube「しめかざり探訪」

本書の中で「製作動画あり」と記されているものは、
YouTube「しめかざり探訪」にて視聴できます。
検索または QR コードにて。

▶ 工作舎 note「しめかざり探訪記」

本書の元になった工作舎の note「しめかざり探訪記」は、
検索または QR コードにて。

［扉写真キャプション＆クレジット］
第一章扉　鹿児島県鹿児島市／第二章扉　福島県会津若松市
第三章扉　「渦巻く智恵 未来の民具 しめかざり」展会場（撮影：本田犬友）
「年男」扉　岡山県苫田郡／「輪飾り」扉　東京都杉並区

しめかざり探訪記

二〇二四年十一月三〇日発行

著者・装丁・写真―森 須磨子
編集―田辺澄江
印刷・製本―株式会社精興社
発行者―岡田澄江
発行―工作舎

工作舎 editorial corporation for human becoming
〒169-0072 東京都新宿区大久保 2-4-12
新宿ラムダックスビル 12F
phone: 03-5155-8940 fax: 03-5155-8941
url: https://www.kousakusha.co.jp
e-mail: saturn@kousakusha.co.jp

ISBN978-4-87502-570-2